부자들은
3X 레버리지로
투자한다

부의 속도를 3배 가속하는
아레스 베타 투자 전략

부자들은 3X 레버리지로 투자한다

아레스 지음

EDEN
HOUSE

목차

나는 왜 미국 주식과
TQQQ에 베팅하는가

안녕하세요, 아레스입니다. 그동안 계속 미루어 두었던 책 집필을 드디어 완성했습니다. 저는 2017년, 대학생 때부터 투자를 시작했습니다. 아르바이트로 모은 돈 300만 원으로 사업과 투자를 병행했습니다. 8년이 지난 지금, 자산 규모는 그때의 1천 배인 30억 원 이상으로, 대한민국 상위 5%에 진입했습니다. 제 나이대인 30대 중반 대비로는 대한민국 상위 1%입니다. 제 자산은 서울 핵심지 부동산(성수), 비트코인, 나스닥 기술주(테슬라 포함), 달러 등입니다.

지금껏 개인적인 이야기는 어디에서도 한 적 없는데, 책을 통해 처음 하네요. '아레스의 베타 투자법'이 어떻게 탄생했는지를 알기 위해서는 먼저 아레스라는 사람부터 알아야 한다고 생각해서입니다. 제 이야기를 조금 더 해 볼게요. 어린 시절, 저희 집은 반지하 빌라를 전전했습니다. 초등학교 6학년 때 친구 집에 놀러 가서 플레이스테이션 스키점프 게임을 처음 접했는데요. 강렬한 도파민이 몸 전체를 휘감았던 기억이 아직도 생생합니다. 이후 그 집에 또 놀러 가고 싶어서 초대받지도 않은 생일 파티 때 불러 달라고 부탁하기도 했네요. 그 친구는 저를 별로 달가워하지 않았는데도요. 어쨌든 친구네는 집도 컸고, 요리해 주시는 분도 있었고, 방도 여러 개였습니다. 플레이스테이션과 연결한 TV 화면이 제 키보다도 컸죠. 그때부터 나도 부자가 되어야겠다, 라면서 무언가를 강렬하게 하고 싶은 마음이 몸 전체를 휘감았습니다. 돈을 많이 벌고 싶어서 중학생 때부터 제 꿈은 펀드 매니저였고요.

고등학교 3학년 3월 전국 모의고사 때 이과 전교 1등을 했을 정도로 저는 집요한 성격이었습니다. 서울대 화학과를 졸업한 담임선생님과 문제 하나를 두고 몇 시간 동안 논쟁을 벌인 적도 있네요. 그 정도로 한 가지를 파고들면 끝장을 봤습니다. 그대로 공부했으면 아마 서울대학교에 가지 않았을까요? 하하. 전교권 성적을 유지하던 저는 뮤지컬《몬테크리스토》에 빠져 한국예술종합학교에 진학해야겠다고 마음먹습니다. 그리고 공부를 내려놓고는 철학에 몰두했죠. 데카르트를 공부하면서 공연에도 참여했습니다. 이때 인간과 사회에 관한 공부도 심도 있게 했죠(한예종에 들어가려면 논술이 필수입니다). 어느덧 8월이 되었고, 한예종 수시 결과는 낙방이었습니다. 예술가가 될 팔자는 아니었나 봅니다. 수능까지 100일 정도 남았는데 공부는 놓은 지 오래됐으니 4~5등급 정도였던 것 같아요. 남은 기간 동안 다시 공부해서 정시로 집 근처인 홍익대학교 컴퓨터공학과를 갔습니다.

당시는 리먼 브라더스가 파산하고 나서 회복기에 접어든 시기였습니다. 사람과 문화에 관심이 많았던 저는 학교에 다니는 한편으로 아르바이트로 모은 돈과 대출을 기반으로 촬영 스튜디오를 오픈합니다. 스물세 살이었고요. 무에서 시작해 2개로 늘린 스튜디오를 억대 권리금을 받고 매도합니다. 두 번째 스튜디오를 매각한 시점이 2019년 여름, 코로나가 창궐하기 6개월 전이었습니다.

사실 스튜디오를 운영 중이던 2017년에 이미 투자를 시작했었습니다. 2017년부터 아마존, 애플, 디즈니 등 미국 주식을 매입했고, 트럼프의 관세전쟁 1기를 온몸으로 겪었습니다. 그러다 2020년에 코로나 19가 터지고, 2020년 6월 테슬라를 매수합니다. 저는 2010년부터 테슬라 관련 책을 읽으며 일론 머스크를 공부했고, 깊이 존경하게 되었습니다. 하지만 2010년에는 성인이 아니었기 때문에 테슬라에 투자한다거나 더 깊은 탐구를 진행할 수는 없었습니다. 만약 성인이었다면 '테슬라'라는 기업에 인생을 걸었을 수도 있었을 겁니다. 그만큼 저에게 테슬라는 사람들의 삶을 바꾸는, 제2의 애플이 될 기업이라는 확신이 있었습니다. 그때도 거품이라고 할 정도로 테슬라의 주가는 계속 올랐지만, 이후로 훨씬 더 많이 올랐습니다.

테슬라는 2020년에 전 세계가 코로나 19로 몸살을 겪고, 미 연준이 무제한 양적 완화를 시작한 이후로 급등하기 시작했습니다. 제가 영상에서도 여러 번 다루었죠. 이때만 해도 테슬라가 너무 오르니 팔아야 한다고 말하는 사람이 엄청나게 많았습니다.

2020년에 자신의 유튜브 채널에서 테슬라 차트를 보며 설명 중인 슈카월드. 당시는 분할 전으로, 매일 자고 일어나면 주식이 올라 있었다.

하지만 현재는 그때보다 5배 이상 상승했죠. 아무튼 이때 테슬라를 처음 매수한 이후, 저 또한 2020년 폭등기에 일부를 매도했습니다. 그리고 테슬라로 처음 주식 평가 손익 (한화 기준) '1억 원'을 돌파합니다. 투자에 더 깊이 빠져든 계기였죠.

테슬라는 변동성에 취약한 주식이었고, 당시만 하더라도 공매도 (현재도 공매도 비중이 크지만)가 쥐락펴락하는 주식이었습니다. 한 번 공매도 리포트가 나오면 폭락에 폭락을 거듭했습니다. 저는 현재 기준으로 따지면 채 30달러도 되지 않는 가격에 테슬라 주식을 매수했었습니다. 그렇게 평가 손익 ‘+1억 원’ 정도에서 마무리하고, 다음으로 곧장 TQQQ ProShares UltraPro QQQ를 진행했습니다. TQQQ는 나스닥 100 지수의 3배 레버리지 ETF로, 미국 나스닥 상장 비금융주 상위 100개 종목에 투자합니다. 이것이 제가 ‘베타 투자법’을 만들게 된 계기입니다.

일반적인 나스닥 QQQ ETF 투자의 3배 레버리지인 TQQQ 투자는 그만큼 리스크가 큽니다. 물론 나스닥 1배 지수 추종 ETF가 안정적이나 (기대하는 수익률에 비해) 비싸고, 또 움직임이 둔합니다. 그래서 TQQQ를 선택하되, 현금 비중을 높이기로 했습니다.

2021년 말에 제 계좌는 최고점을 찍습니다. 저는 주식 일부를 정리했고요. 이후 시장은 하락장에 진입합니다. 2022년에도 대하락장이었습니다. 2023년 초까지도요. 물론 중간중간 반등도 있었지만, 전부 데드 캣 바운스였죠. 90달러가 넘었던 TQQQ는 16달러라는 숫자를 보고 맙니다. 테슬라는 100달러까지 폭락하는 초유의 사태가 벌어지죠. 하지만 저는 이때 다시 매수에 나섰습니다. 전설의 테슬라 109달러 매수입니다.

제가 유튜브를 시작한 시기는 2022년 8월입니다. 그때 저는 레버리지 투자를 계속 연구하고 있었습니다. 제 투자법에 대한 확신을 얻기 위해서요. 당시만 하더라도 미국 주식 투자와 관련된 큰 채널에서 레버리지 ETF, 예를 들어 ‘TQQQ’, ‘SOXL’, ‘USD’, ‘TECL’ 등과 같은 레버리지 주식에는 장기 투자하지 말라는 영상도 많이 올라왔습니다. 국내 애널리스트들 또한 레버리지의 단점을 부각했고요. 한마디로 레버리지 투자를 하면 망한다는 인식이 컸습니다. 하지만 저는 이들과 반대로 레버리지 ETF 투자법 영상을 업로드했습니다.

위의 영상들에서 제가 목숨 걸고 TQQQ와 TSLA에 투자하는 이유를 이야기했습니다. 이 영상은 하루 만에 2천 뷰를 기록했는데요. 구독자 300명이 하루 만에 늘었어요. 댓글도 엄청나게 많이 달렸습니다. 사람들이 TQQQ와 TSLA에 관심 있구나, 하고 확신한 저는 더 자세한 설명을 하고자 두 번째 영상으로 'QQQ 말고 무조건 TQQQ 사야 하는 이유'라는 제목의 영상을 제작했습니다. 지금도 저는 QQQ와 TQQQ 중에서 TQQQ가 더 좋다고 확신하고, 이 생각은 앞으로도 변하지 않을 거라 자신합니다. TQQQ가 3배 레버리지고, 변동성 끌림volatility decay이 있고, 스왑swap 이자가 있고, 최고점을 회복하지 못한다고 하더라도 말입니다.

TQQQ가 QQQ보다 좋은 이유는, 우리는 '액티브active'한 투자자이기 때문입니다. 나이브한 투자자와는 다르죠. 우리는 훈련되었고, 시장의 변동성에서 살아남습니다. 역으로 시장이 '극히 변동이 심하다'라고 말할 수도 있습니다. 시장이 변동성이 크기 때문에, 시장이 변덕이 심한 '생물체'이기 때문에, 우리는 투자를 이어 나갈 수 있고, 기회를 찾을 수 있습니다. 아기가 울면 엄마는 아이에게 젖을 줍니다. 마찬가지로 시장이 폭락하면 연준은 양적 완화QE를 해서 시장을 달래고 시장에 유동성을 공급합니다. 유동성이 바로 우는 아이에게 주는 젖입니다.

이 책에는 제 경험과 노하우가 모두 담겨 있습니다. 유동성 파도를 타고 짧은 시간 안에 부자가 되고 싶지 않나요? 사람들은 말합니다. 짧은 시간 안에 부자가 될 수 있다고 이야기하는 사람은 사기꾼이라고요. 오히려 되묻고 싶습니다. 인생이 무한한가요? 모두가 건강하고 100세까지 살 수 있나요? 시간은 모두에게 동일하게 주어집니다. 하지만 그 시간을 누리는 기간은 모두가 다릅니다. 개인의 인생 시계는 전부 다릅니다.

우리는 거대한 우주에 사는 먼지의 DNA 조각조차 안 되는 작은 존재입니다. 우리가 지구에 발붙이고 살아가는 기간은, 기껏해야 70~80년 남짓입니다. 한 세기조차 되지 않는 '찰나'입니다. 그 찰나를 위해 우리는 살아가고, 그 안에서 행복해야 하며, 그 시간 동안 나의 삶과 목표를 위해 힘써야 합니다.

여기서 가장 중요한 것이 무엇일까요? 돈? 명예? 전부 아닙니다.

바로 '시간'과 '건강'입니다. 그 두 가지가 기본이 되어야 '행복'을 찾을 수 있습니다. 우리의 시간은 '유한'하고, 건강이 무너지면 우리는 '존재'할 수 없습니다. 내 시간과 건강을 책임지는 것은 오로지 나 자신이며, 우리가 살고 있는 '자본주의' 시스템을 역행해야 이것을 지킬 수 있습니다. 그리고 자본주의 시스템을 역행하려면 '레버리지'로 시간을 '역행'해야 하고, 적절한 리밸런싱과 자본주의 궤도 추적을 위한 베타 투자를 진행하면서, 투자를 내 삶의 일부로 받아들이고 건강처럼 잘 관리해야 합니다.

행복은 돈으로 사는 대상이 아닙니다. 가장 부유한 사람들 가운데도 스스로 목숨을 끊고, 자신과 주변의 상황을 비관하며 행복하지 못한 삶을 살아가는 이들이 있습니다. 하지만, 돈이 있으면 적어도 불행은 막을 수 있습니다. 내가 마주하지 않아도 될 시간과 사람들을 무시하고, 나의 이상과 행복을 좇을 수 있습니다.

회사에 다니며 매달 300만 원을 저축한다고 해도 10년이면 3억 6,000만 원입니다. 10년은 그냥 숫자가 아닙니다. 한 세기의 1/10이나 되는 엄청난 세월입니다. 그런데 매달 버는 돈을 '모두' 저축해도, 10년 세월을 회사에 바쳐도 서울에 있는 집 한 채 사지 못합니다. 서울에 있는 집의 평균 가격이 13억 원을 돌파했습니다. 상위 20% 아파트 가격은 14억 원을 돌파했습니다. 월급 300만 원을 전부 모아도 38년이 걸립니다. 38년 동안 아파트 가격이 그대로일까요? 태어나서 내가 발 디딜 곳 하나 장만하지 못하는 것이 일반적인 삶이고, 절대다수의 삶입니다. 그러한 삶을 구원할 수 있는 유일한 방법은 '레버리지'입니다. 레버리지는 절대 나쁜 것이 아닙니다. 우리는 금수저가 아니기에 시간과 자원을 집약해서 한 번에 도약해야 합니다.

'한 번에'라고 하면 사람들은 부정적으로 생각하는데요. 베타 투자는 오로지 '시장'에만 투자하고, 나스닥 기술주, S&P 500, 비트코인, 달러 같은 세계 최고의 자산에만 투자합니다. 투기가 아닙니다. 시장을 레버리지 한다면 망할 일은 절대 없습니다. 기다리면 되니까요.

레버리지 상품에 투자하고 현금을 보유하는 것은 모든 면에서 압도적인 투자 방법입니다. 저는 삶에서도 베타 투자를 적용해 모두가 무서워할 때 공격적으로 투자하고, 모두가 환희에 찰 때 한 발 멀어짐으로써 성수동 신축 아파트를 매매했습니다. 현재 나스닥과 비트코인에 투입된 금액도 8억 원이 넘습니다.

자산을 먼저 갖추면 시간은 내 편입니다. 자산은 복리로 증가하고, 시간이 지남에 따라서 돈은 계속 풀리고, 그 돈들이 자산의 가격을 밀어 올리기 때문입니다. 따라서 우리가 가장 먼저 해야 할 일은 1억 원 만들기입니다. 1억 원을 만들고, 그 1억 원으로 베타 투자를 진행해 다시 2억 원, 4억 원으로 계속 불려야 합니다. 저 또한 1억 원을 만드는 일이 가장 어려웠습니다. 그 이후 1억 원에서 2억 원, 2억 원에서 5억 원, 5억 원에서 10억 원을 만드는 건 훨씬 더 빨랐습니다. 규모가 커질수록 돈은 레버리지 효과가 작용해서 점점 모이는 속도가 빨라집니다. 제가 직접 경험했습니다.

인생에서 가장 중요한 것이 시간과 건강, 그리고 궁극적으로 행복을 추구하는 것이라면 이를 위해 내 모든 시간과 노력을 쏟아야 할 것입니다. 그것을 가능하게 하는 것이 투자입니다. 자본주의를 탈피하려면, 아이러니하게도 자본주의 한가운데에 있어야 합니다. 자산은 한번 규모가 커지면 점점 더 커지는 습성이 있어 조금의 노력으로도 얼마든지 할 수 있습니다. 시장만 따라가면 얼마든지 달성할 수 있습니다.

왜 TQQQ에 투자하냐고 물으면 저는 이렇게 답합니다. 저는 제가 자본이 적고 시간이 부족하다고 생각했습니다. 많은 사람이 레버리지는 위험하다고 말합니다. TQQQ는 변동성 끌림, 스왑 이자 등의 단점이 있습니다. 하지만 이를 상쇄하는 압도적인 장점이 존재합니다. 우상향하는 시장이라면 결국 레버리지가 훨씬 더 많이 오릅니다. 하락할때 더 심하게 하락하고요. 여기가 키포인트입니다. 더 많이 하락한다는 것을 역이용하는 전략입니다. 더 하락한 자산을 우리가 공격적으로 매입하는 것입니다. 자산이 10억 원 이하이고, 서울 핵심지 아파트 보유자가 아니라면 무조건 레버리지를 해야 합니다. QQQ에 1억 원을 넣어 두고 가만히 있으면 노년에 부자가 됩니다. 하지만 우리는 액티브한 투자자입니다. 시장에 따라 베타를 스스로 결정하고, 내 자산을 하락기에 더 노출시키고. 상승기에 폭발시키는 것이 베타 투자자가 해야 할 일입니다. 돈이 없어도, 금수저가 아니어도 누구나 시작할 수 있는 게 베타 투자입니다. 레버리지를 다루기 때문에 20대에도, 30대에도 부자가 될 수 있습니다. 오로지 시장만 추종하기에 안전하고요. 제가 모든 걸 걸고 해 봤는데, 됩니다. 두려워하지만 않으면요. 방법만 제대로 잡고 간다면 승리할 수 있습니다. 내 인생을 소중히 여긴다면, 시간과 건강을 소중히 여긴다면, 아레스 베타 투자법을 익히길 바랍니다. 내 시간과 건강, 투자를, 더 나아가 내 삶 전체를 '레버리지'하길 바랍니다.

지금부터 시작하겠습니다.

PART 1.

달러 시스템의 비밀:
돈이 지배하는 세계

자본주의와
달러 시스템의 역사

자본의 성질

시장은 우상향합니다. 우상향하는 데 있어 변동성이 커진다면, 바로 그 지점에서 기회를 찾아야겠죠. 시장이 우상향하는, 우상향 '해야 하는' 이유는 다양하지만 가장 큰 이유는 현대 사회가 '자본주의' 사회라서입니다. 영국은 한때 전 세계를 지배했습니다. 영국에서 산업혁명이 일어난 덕분에 많은 자본을 가질 수 있었습니다. 그리고 자본에서 태동한 생명체가 주식 '시장'입니다. 자본을 가진 자산가들은 노동자들을 고용해 자신의 자본을 더 거대하게 만들면서, 산업혁명과 자본주의가 융합하는 데 기름을 부었습니다.

자본을 제 방식으로 간략하게 정의하자면 '계속해서 더 커지는 성격을 가졌다'입니다. 마치 블랙홀처럼 자기 자신은 물론 주변을 집어삼키며 끊임없이 더 커집니다. 그리고 자본의 논리를 국론으로 채택한 나라가 '미국'입니다. 역사는 200년밖에 되지 않았지만, 오늘날 전 세계에서 가장 강력한 힘을 가졌죠.

미국이 세계 초강대국이 된 이유

석유 수출국이 보유한 오일 달러oil dollar를 페트로 달러 petro dollar 라고도 합니다. 페트로petro는 '석유'라는 뜻인데요. 페트로 달러가 만들어진 계기는 (아주 간략하게 이야기하자면) 브레튼우즈Bretton Woods 체제의 붕괴로 금본위제가 끝났기 때문입니다. 브레튼우즈 체제는 1944년 시작되어 1971년에 종결을 맞았는데, 이 시기 동안 전 세계 가 미국 달러에 연동되었습니다. 미국이 제2차 세계대전 때 전 세계 를 상대로 무기와 물자를 팔면서 결제 대금을 미국 달러로 지정했기 에 가능한 체제였습니다. 미국 달러는 금(1온스=35달러)에 연동되었 고요.

하지만 미국이 달러를 마구 찍고, 마구 찍은 돈을 베트남전과 대 외 원조 등에 사용하면서 미국 달러에 대한 신뢰가 흔들립니다. 그 결과 1971년 8월 15일, 리처드 닉슨 당시 미국 대통령이 그 유명한 '금 태환제 중지'를 발표하면서 금본위제가 막을 내립니다. 이후 달 러 신뢰도는 추락했고, 금 가격은 끝없이 치솟았죠. 미국은 달러의 신뢰도를 회복할 방법을 강구합니다.

이때 달러의 위상이 오늘날까지 급격히 치솟게 된 사건이 발생하는데요. 미국-사우디아라비아 비공개 협정(1973~1974년)입니다. 오일쇼크 때문으로, 1973년 제4차 중동전쟁과 OPEC의 석유 금수 조치로 국제 유가가 급등한 것이 원인이었죠. 그리고 미국은 사우디와 비공개 협정을 체결합니다. 내용은 사우디는 석유 수출 대금을 미국 달러로 결제하고, 그 대가로 미국은 사우디 왕가의 안보를 보장하게 되어 태어난 것이 바로 페트로 달러입니다.

사우디는 석유 수출로 벌어들인 수익의 상당 부분을 다시 미국 국채에 투자하는 협정을 맺습니다. 이 합의는 OPEC 전체로 확대되었고, 이제 세계 원유 거래는 달러 기준으로 고정됩니다. 그 결과 전 세계는 석유를 수입하기 위해 달러를 사용하게 되죠. 미국을 오늘날처럼 강대하게 만든 가장 큰 사건 중 하나입니다.

페트로 달러 덕분에 미국은 세계 초강대국이 됩니다. 금 가격은 하락하고 달러 수요가 커지니 달러 신뢰도는 더욱 상승하죠. 전 세계는 다시 달러에 의존합니다. 계속해서 달러가 필요하니 미국은 돈을 더 풀어서 자국을 더욱 부유하게 만들고요. 이후 미국의 초호황기인 레이건 시절이 찾아옵니다. 미국이 계속해서 재정과 무역 적자(쌍둥이 적자)를 내도, 다른 나라들이 미국 국채를 사들이니 국가 부도에 대한 위험이 없었죠. 《스타크래프트》에서 미국이 인구수 제한이 없는 무한 맵 방장이 된 것이라고나 할까요? 이렇게 미국은 가장 많은 사람이 찾는 화폐의 발행국이 되었고, 지금까지도 그렇습니다.

그리고 한국은 비산유국이라 석유를 전량 수입해야 합니다. 따라서 국고에 항상 달러를 비축해야 하고요.

미국의 세뇨리지 이익

미국은 마음껏 달러를 찍어도 전 세계가 미국 달러를 쓰는 구조를 만들어 놓은 덕분에 경제적 특권을 누립니다. 단지 종이(달러)를 찍고, 그 종이로 전 세계의 실물자산과 자원을 사들이게 되는데요. 이것이 '세뇨리지Seigniorage'라는 특권입니다. 그리고 전 세계 국가는 달러를 미리 '보유'해야 하고요. 미리 보유한 달러로 기름과 곡물 등 필요한 자원을 사들이고, 교역을 진행하고, 나라에 동력을 공급합니다. 달러는 전 세계로 흐르는 혈액과 같습니다. 그 혈액을 공급하는 것은 미국이며, 미국의 통화량을 조절하는 주체는 미국중앙은행인 연방준비제도FED입니다. FED가 전 세계 돈(유동성)의 흐름을 결정하고, 전 세계 경제의 흐름을 조절하게 된 이유죠. 정리하면 미국은 세뇨리지 이익 때문에 다른 국가들과 좁힐 수 없는 차이를 만들었고, 앞으로도 변하지 않을 전망입니다.

왜 모든 나라가
달러를 모을까

전 세계 국가가 외환 보유고를 늘리는 이유는 외국 돈을 많이 보유하기 위해서가 아닙니다. 글로벌 시장에서 살아남기 위한 생존 전략이자, 경제 주권을 지키는 마지막 수단이라서입니다.

전 세계가 달러를 모으는 이유

국제 거래의 연료통

세계는 달러로 움직입니다. 석유, 곡물, 반도체 원자재까지 거의 모든 국제 무역의 결제 통화가 달러죠. 즉, 달러 없이는 기름 한 방울도 수입할 수 없습니다. 우리나라처럼 자원이 부족한 나라는 더더욱 외환 보유고, 특히 달러를 확보하는 것이 생존 그 자체라고 할 수 있습니다. "외환 보유고가 고갈되면 나라는 멈춘다." 이 말은 절대로 비유가 아닙니다. 외환이 없다는 건 기름을 사 올 돈이 없다는 뜻이고, 이는 공장이 멈추고 항공기가 뜨지 않으며 생활물가가 폭등하는 사태로 직결됩니다.

통화가치 방어의 최후 수단

외환 보유고는 환율 방어용 무기고라고 할 수 있습니다. 환율이 급등하거나 외국 자본이 빠져나갈 때, 중앙은행은 시장에 달러를 뿌려 환율 급변을 막고 투자 심리를 안정시킵니다. 1997년 외환위기 당시 대한민국이 뼈저리게 경험했던 교훈이죠. 당시 한국은 달러가 바닥나 IMF에 구제금융을 요청했고, 그 결과 국가 경제의 주권 일부를 내주는 혹독한 대가를 치렀습니다. 달러가 없다는 건 국방이 없는 나라처럼 무방비 상태가 된다는 뜻임을 기억해야 합니다.

국가 신뢰도 유지

국제신용평가사와 외국 투자자들은 해당 국가의 외환 보유고를 주의 깊게 살펴봅니다. 외환 보유고가 많을수록 국가의 지급 능력과 안정성이 높다고 판단하고요. 이는 국가의 국채 이자율, 해외 투자 유치, 기업 신용도 등 모든 곳에 영향을 미칩니다.

글로벌 경제에서의 보험

외환 보유고는 일종의 경제 보험이라고 할 수 있습니다. 세계 금융위기, 무역 분쟁, 지정학적 리스크 같은 대외 충격에 대비한 비상

금 역할을 하기 때문입니다. 전쟁을 대비해 군대를 준비하듯, 경제 위기를 대비해 외환 보유고를 준비한다고 하겠습니다. 정리하면 외환 보유고는 국제 통화 시장에서의 '경제적 지위권'이기에 좋든 싫든 계속해서 늘려야 합니다.

전 세계가 미국 국채를 사는 이유

달러는 피할 수 없는 선택

석유를 비롯한 주요 국제 자원들은 모두 달러로만 거래됩니다. 이 말인즉슨 모든 나라는 달러를 확보해야 한다는 뜻입니다. 하지만 달러는 미국에서만 만들 수 있죠. 미국을 제외한 국가들은 수출을 통해서나 달러 표시 자산에 투자함으로써 달러를 확보합니다.

미국 국채는 달러를 보유하는 가장 안전한 방법

미국은 세계에서 유일하게 무제한으로 달러를 찍을 수 있는 나라입니다. 미국 국채US Treasury는 사실상 '달러 예치증서'라고 할 수 있습니다. "달러는 왕이고, 미국 국채는 왕의 금고다"라는 말이 있을 정도죠. 그리고 국가들은 무역 등으로 벌어들인 달러를 보관만 하지 않습니다. 수익을 내면서도 안정적으로 보관할 수 있는 수단을 고안했죠. 바로 미국 국채입니다. 미국 국채에 투자하면 매년 안정적인 수익률을 가져갈 수 있는 동시에 그 빛은 미국이 감당합니다.

페트로 달러→달러 축적→미국 국채 매입의 구조

1970년대 이후로 석유 수출국과 수입국 모두 달러를 축적하게 되었습니다. 그리고 이렇게 축적된 달러는 다시 미국 국채에 재투자되고요. 즉, 미국은 달러를 무기로 세계 자원을 구매하고, 세계는 자원을 얻기 위해 달러를 벌어들인 뒤 다시 미국 국채에 투자합니다. 한마디로, 미국은 돈을 찍고 자원을 사고, 세계는 자원을 팔고 돈을 빌려줍니다.

적자에도 무너지지 않는 미국

대부분의 국가가 경상수지를 관리하며 흑자를 추구하는 반면에 미국은 만성적인 무역과 재정 적자를 유지하면서도 통화가치가 안정되어 있습니다. 전 세계가 미국의 적자를 메우기 위해 미국 국채를 사들이니까요. 미국이 아무리 빚을 내도 세계가 나서서 미국의 빚을 사 줍니다. 미국이 '달러 지배 시스템을 통해 전 세계로부터 사실상 무이자 자금을 조달'하는 시스템이라고 할 수 있습니다. 미국이 세계의 소비자 역할을 하며 적자를 유지할 수 있는 이유도 이것 때문이고요. 덕분에 미국은 세계 최강국 자리를 지키고 있습니다.

PART 2.

코로나 이후
자산 시장의 대전환

미국 주식이 오를 수밖에 없는 구조적 이유

달러를 찍는 유일한 나라

미국은 자국 통화인 달러를 무한정 발행할 수 있습니다. 그리고 전 세계가 달러에 의존하는 경제 구조 때문에 달러 유동성 확대는 곧 전 세계 자금의 미국 유입을 뜻합니다. 그럼 미국은 어떻게 달러를 '찍을'까요? 미국 정부가 지출(전쟁, 복지, 인프라 등)을 해야 하는데 세금만으로 돈이 부족할 경우 국채를 발행합니다. 그리고 미국 정부는 국채를 산 사람들에게 이자를 주죠. 따라서 국채를 보유하고 있다는 건 채권을 자산으로 편입한 것과 같습니다. 사람들이 주식, 부동산, 채권, 금 등으로 자산 포트폴리오를 분산할 때의 그 채권입니다.

2025년 하반기 기준 10년물 미국 국채의 금리는 4.5% 정도입니다. 10년물 국채를 가지고 있으면 예상되는 시나리오는 다음과 같습니다.

- 10년물 미국 국채 보유 시 이자 지급 시나리오

- 이자 지급 주기: 일반적으로 6개월마다 지급. 즉, 매년 2번(예: 1월과 7월, 또는 2월과 8월 등 발행 시점에 따라 다름) 지급

- 이자 지급 방식: 보유자가 지정한 은행 계좌로 직접 입금되거나, 증권 계좌에 적립되는 방식으로 지급. 다만 구매한 브로커나 금융기관의 정책에 따라 다를 수 있음

- 이자율: 구매 시점의 발행 이자율(쿠폰 금리)에 따라 결정. 만기까지 일정하게 유지(예: 3% 쿠폰 금리의 10년물 국채를 1만 달러어치 샀다면, 연간 300달러의 이자가 6개월마다 150달러씩 지급)

- 만기: 만기 시 원금 상환

미국이 국채를 발행하고, 그 이자 지급액이 1조 달러(한화 약 1,450조 원)를 돌파했습니다. 2020년 코로나 이후 전 세계 자산 시장이 급변했는데, 이때 어마어마한 돈(엄밀히 말하면 국채)이 풀린 까닭이죠.

미국 연준FED은 정부 기관이 아니라 독립 기관이지만, 경제 안정을 위해 필요할 때 직접 국채를 매입할 수 있습니다. 가령 FED가 1조 달러어치의 국채를 사면, 은행 계좌에 전자적으로만 1조 달러가 입금되죠. 이게 바로 돈을 찍는 행위입니다. 인쇄기가 실물 돈을 찍는 게 아니라 전자적 숫자로만 존재합니다. 연준이 전 세계 경제 대통령인 이유로, 현재는 제롬 파월Jerome Powell이 의장입니다.

FED가 찍은 돈은 먼저 시중은행의 준비금으로 들어갑니다. 그럼 은행은 그 돈을 바탕으로 대출을 늘리고, 기업과 개인에게 돈이 흘

러가면서 자산 시장(주식, 부동산 등)이 활기를 띠게 됩니다. 연준의 돈 찍기는 두 가지 방식으로 진행되는데요. 먼저 양적 완화QE는 국채·MBS 등 자산을 매입함으로써 돈을 시장에 푸는 방식입니다. 다음으로 기준금리 인하는 금리를 낮추어 돈 빌리기 쉬운 구조를 만듦으로써 시장에 돈이 많아지게 하는 방식입니다.

미국 주식은 글로벌 자금의 피난처이자 목표지

달러를 벌어들인 외국 정부와 기업들은 달러를 그냥 두지 않고, 안정적이고 수익성 있는 미국 자산(국채·주식 등)에 투자합니다. 그중에서도 미국 주식은 높은 성장성과 유동성, 기술 우위, 글로벌 기업 집중도 등의 이유로 선호되죠. 한마디로 달러는 미국 주식으로 갑니다. 이로 인해 애플, 마이크로소프트, 아마존, 구글 같은 미국의 빅테크 기업이 세계 경제를 주도하게 되었고요.

미국 시장은 세계에서 가장 투명하고, 유동성이 크며, 제도도 안정되어 있습니다. 그로 인해 외국인 투자자가 가장 많이 참여하는 시장이 되었습니다. 위기 상황이 도래해도 자금은 빠져나가지 않거나, 오히려 더 유입됩니다.

세계 경제의 성질이 바뀌게 된 코로나 19

최단 시간 발생한 세계 대공황

2020년 3월, 코로나 19로 인한 팬데믹 선언과 함께 지구촌 경제는 단숨에 멈추었습니다. 공항에는 항공기가, 항구에는 화물선이 줄지어 정박해 있었죠. 공장도, 사무실도, 학교도 동시에 멈춘 건 인류 역사상 처음이었습니다. 이전에도 여러 번의 금융위기가 있었지만 그동안은 시스템 내부의 균열이 원인이었습니다. 한데 이번에는 외부 충격으로 발생했습니다. 1930년대 미국의 대공황과 가장 유사한 양상을 보인 사건으로 기록되었죠.

연준과 미국 정부는 즉각 개입에 나섰습니다. 역사상 유례없는 속도로 금리를 제로(0)로 인하했고, 2조 달러 규모의 경기부양책CARES Act을 발표합니다. 미국 국채와 모기지저당증권MBS을 동시에 대규모로 매입함으로써 자산과 고용 시장을 '인공호흡'했습니다. 이 조

팬데믹 이후 모든 언론은 경제 불황을 예상했다.

치로 세상의 '돈의 흐름'이 완전히 바뀌게 됩니다. 실물 경제는 사실상 멈추었지만 시장에 유동성은 폭발적으로 증가했죠. 덕분에 미국의 나스닥, S&P 500은 단 몇 달 만에 팬데믹 이전 수준을 회복합니다. 돈이 사람에게 직접 닿지는 않았지만, 금융 자산으로 흘러 들어갔기 때문이죠. 이는 자산 격차 확대, 인플레이션, 양극화로 이어집니다.

코로나 19는 세계 경제의 흐름을 영구히 바꾼 사건이었습니다. 연준이 무제한으로 돈을 찍고, 정부가 돈을 국민에게 직접 주며, 자산 시장에 유동성을 퍼붓는 구조는 계속되었는데요. 이 시기를 기점으로 '돈의 정치', '통화의 권력'이 실체를 드러내기 시작했습니다.

코로나 시기, 연준은 어떻게 돈을 풀었는가

연준은 막대한 규모의 미국 국채를 매입합니다. 이를 통해 시장에 유동성을 공급하고, 금리를 낮추는 역할을 했습니다. 2020년 3월 한 달간 약 1조 달러 이상의 미국 국채를 매입했는데요. 국채를 매입하면 정부에 돈이 들어가고, 시장에는 달러가 풀려 자산 시장으로 향하게 됩니다. 그리고 부동산 시장과 금융 시스템 붕괴를 막기 위해 집을 담보로 한 채권인 MBS도 대거 매입합니다. 이 방법을 사용하면 주택담보대출 이자율이 낮아지고, 주택 시장 붕괴도 방지할 수 있습니다. 2020~2021년 연준은 미국 국채는 약 3조 달러 이상, MBS는 약 1.5조 달러 이상 매입했습니다.

이와 같은 연준의 결정은 단순한 시장 개입이 아니라, 사실상 '돈을 전자적으로 찍어서 시장에 뿌린 것'과 같습니다. 그 결과 팬데믹 이전 약 4조 달러였던 연준의 자산은 9조 달러로 두 배 가까이 불어납니다. 미국 자산 시장, 특히 주식과 부동산의 급격한 반등으로 이어졌고요.

코로나 이후 주식 시장은 왜 폭등했는가

경제는 얼어붙었지만, 시장에는 돈이 넘쳤다

코로나 시기 동안 미국 연준과 정부는 사상 최대 규모의 돈을 뿌렸습니다. 정부는 실업수당을 늘리고, 1인당 1,200달러(나중에는 1,400달러)의 재난 지원금을 주기도 했죠. 바이든 정부의 '헬리콥터 머니'입니다. 동시에 연준은 제로금리로 돌아서고, 국채와 MBS를 무제한 매입하며 시장에 유동성을 공급했습니다. 그 결과로 기업의 매출은 줄었지만 주가는 오히려 올랐고요. 이때부터 실물과 자산의 디커플링(탈동조화)이 본격화됩니다.

갈 곳 없는 돈: 소비는 줄고 투자는 늘었다

코로나로 여행, 외식, 공연, 레저 등의 소비 활동이 중단되었습니다. 사람들은 집에 있으면서 정부로부터 현금을 받았고, 이 돈의 상당수가 증권 계좌로 향했죠. 20~30대 미국 개인 투자자들은 '로빈후드'라는 앱을 통해 대거 주식 시장에 진입합니다. 특히 기술주(테슬라, 애플, 아마존)는 비대면 경제의 수혜주로 급부상했고, 투자자들의 집중 매수가 일어나 주가가 급등합니다.

제로금리 시대, 돈의 가치보다 중요해진 자산의 가치

금리가 0%면 은행에 돈을 맡겨도 이자가 없습니다. 반면 주식은

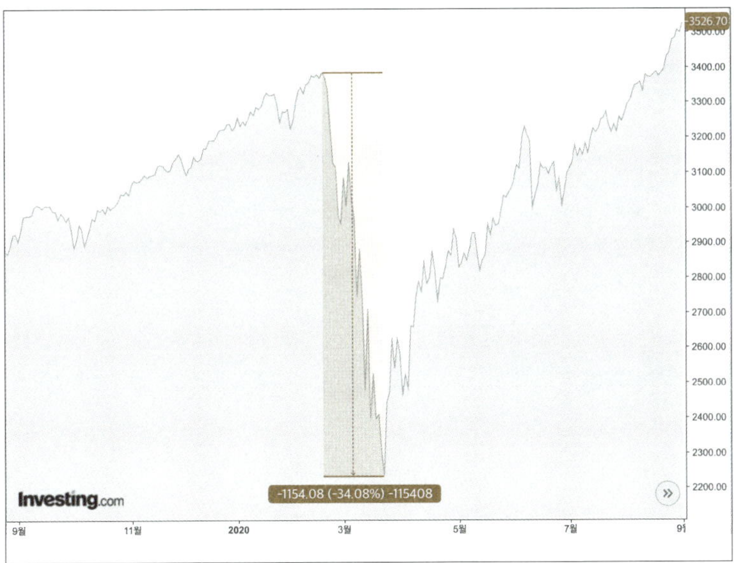

2020년, 코로나로 S&P 500은 무려 34% 폭락했다. 미국 상위 500개 기업의 주식 1/3이 공중분해된 것과 같다. 하지만 같은 해 9월 예전 이상 수준으로 회복했다.

이익만 내면 배당도 받고 주가도 오릅니다. 인플레이션을 이기려면 현금을 들고 있으면 안 된다는 인식이 퍼져 나갔죠. 금과 주식, 암호화폐 등으로 자금이 몰리기 시작한 배경입니다.

연준이 절대 망하게 두지 않으리라는 신뢰

2008년의 금융위기와 다르게 연준이 빠르고 과감하게 개입했습니다. 대기업의 채권을 매입하고 시장에 직접 유동성을 공급하자, 사람들에게는 연준은 시장을 지킨다는 믿음이 단단해졌습니다. 그 결과 시장은 기업 실적이 나빠도 유동성이 있다면 주가가 오른다는 확신을 얻죠. 코로나 발발 한 달 만에 S&P 500이 무려 34% 폭락했지만, 연준이 무제한 양적 완화를 선언하면서 주식 시장은 다시 폭등했죠. 이때 S&P 500은 2200까지 하락했지만, 현재는 3배 가까이 폭등했습니다.

코로나 19 시기의 주식 시장

테슬라의 폭등

왜 테슬라였나

코로나가 한창이던 2020~2021년에 주식 시장의 가장 큰 수혜자 중 하나는 단연 테슬라였습니다. 2020년 3월 팬데믹 발발 직후 테슬라 주가는 약 30달러(분할조정 전 기준) 수준이었는데, 단 1년 반 만에 350달러에 육박합니다. 1050%에 달하는 미친 상승이었죠. 전례 없는 일이었습니다. 일론 머스크는 혁신과 미래를 상징하는 인물로 떠올랐습니다. 그가 입을 열 때마다 시장은 환호했고 언론이 집중적으로 보도했죠. 동서양을 막론하고 개인 투자자(일명 개미)가 매일 주식을 샀고, 부자가 되는 꿈을 꾸었습니다. 사람들은 '희망'과 '미래'를 사고 싶어 했습니다. 테슬라는 그 정점에 있었고요.

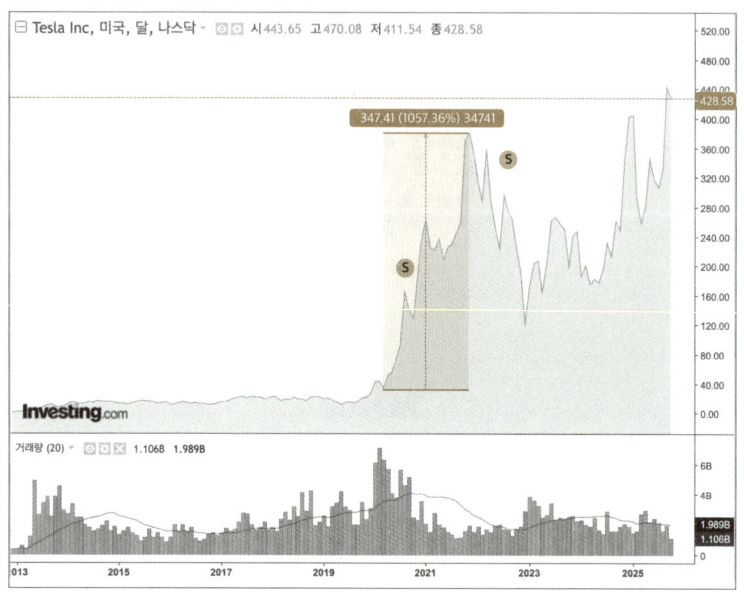

코로나 때 테슬라는 무려 1054% 폭등한다.

테슬라 교단 출현

테슬라 주식을 종교처럼 믿는 사람들, 이른바 '테슬람'도 등장합니다. 일론 머스크의 멘션 하나에 시장이 요동쳤고, 유튜브와 레딧 Reddit에는 "테슬라 주가 3,000달러 간다"는 예언(?)이 넘쳐났죠. 심지어 머스크가 비트코인을 매수하고 도지코인을 언급하면서 암호화폐 시장까지도 테슬라와 연동되기 시작했습니다. 테슬라의 밸류에이션은 전통적인 기준으로는 설명할 수 없습니다. 2020년 기준, 테슬라의 순이익은 수천억 원이었는데 시가총액은 전 세계 자동차 회사들을 다 합친 것보다 컸습니다. 이 시기 투자자들에게 중요했던 건 숫자가 아니라 미래를 선점하는 기업에 올라타는 것이었습니다. 실적

보다 '서사'와 '모멘텀'이 주가를 움직인 대표 사례입니다.

모두가 미래를 샀다

테슬라의 성공 이후 투자자들은 다음 테슬라를 찾기 위해 혈안이 되었습니다. 이 흐름은 게임스탑, AMC, 비트코인, 도지코인, 루시드, 니오, SPAC 주식 등으로 번졌고요. 한 기업의 주가 폭등이 아니라 '자산 버블'의 불씨를 당긴 도화선이었습니다. 그 반증으로 일론 머스크는 세계 최고의 부자 중 한 명이 되었습니다. 이후 사람들의 체질이 본질적으로 바뀌죠. 돈을 풀면 주식이 오르는 걸 경험했으니까요. 투자자들은 2008년 금융위기 이후 큰 위기를 겪지 못했습니다. 그렇기에 주식이 조금만 떨어져도 파는 등 제대로 된 투자를 이어 나가지 못했습니다. 투자 민감도가 극도로 올라간 시기였죠.

개미들의 반란, 게임스탑

망해 가던 회사가 왜 갑자기 폭등했을까

게임스탑Gamestop은 미국의 오프라인 게임 유통 회사였습니다. 디지털 게임 시대가 오자 실적은 하락 일로였고, 많은 헤지펀드가 주가 하락에 베팅했습니다. 즉, 대규모 공매도를 걸고 있었죠. 그런데 2021년 초, 갑작스러운 주가 폭등 사태가 벌어집니다. 몇 달 전까지만 해도 5달러 안팎이던 주식은 400달러(분할 전)를 돌파합니다.

게임스탑 주식은 2020년 바이든 정부의 헬리콥터 머니 살포 이후로 무려 100배 가까이 치솟았다.

개인 투자자들의 '조직적' 반격

개인 투자자들이 뭉쳤습니다. 미국의 커뮤니티 사이트인 레딧의 투자 관련 게시판인 '월스트리트베츠WallStreetBets'에서 수많은 개인이 게임스탑 주식 매수를 외쳤고, 실제로 공매도를 역이용하는 작전이 시작되었습니다.《덤머니》는 게임스탑 폭등 사태가 배경인 영화인데요. 주인공인 유튜버 포효하는냥Roaring Kitty은 거대 보험사 매스 뮤추얼의 금융 애널리스트였던 키스 길Keith Gill을 모델로 했습니다. 그는 개인 방송과 레딧에 자신의 손익을 낱낱이 공개하며 게임스탑 주식이 저평가되었다고 주장합니다. 레딧 이용자들은 그를 '월스트리트베츠 역사상 가장 위대한 전설'이라고 평가했습니다. 영화《빅쇼

영화 《덤머니》의 한 장면.

트》의 실제 주인공이자 투자 전문가인 마이클 버리 역시 관심을 보일 정도로 미국 전역의 관심을 받았죠. 하지만 현재 키스 길은 개인 방송, SNS 등 개인 활동을 중지한 상황입니다.

게임스탑은 개인과 기관의 싸움이기도 했습니다. 이때 시타델이라는 헤지펀드가 게임스탑이 과대평가되었다며 숏 베팅을 들어갔고, 인터넷 사이트에서 뭉친 개인 투자자들은 기관의 숏과는 반대되는 롱으로 물량을 매집해 결국 시타델의 항복을 받고, 숏(공매도)을 쳤던 헤지펀드에게 강제로 다시 숏 물량을 매수 체결하게 하는 방식으로 말도 안 되는 폭등을 야기했습니다.

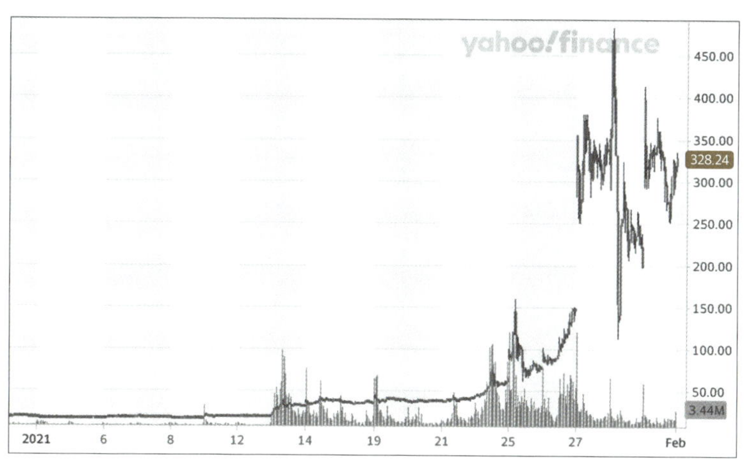

게임스탑 주가가 치열하게 상승과 하락을 반복(헤지펀드와 개인 투자자들 간의 싸움)했다.

금융 민주주의인가, 버블인가

게임스탑 사건은 단순 주식 거래가 아니었습니다. 기존의 금융 시스템에 대한 불신, 기득권 금융 자본에 대한 반발, 개인 투자자들의 디지털 조직화 등이 한 지점에서 폭발한 것이죠. 사람들은 이 현상을 '금융 민주주의'라고 불렀지만, 일부는 '투기적 광기'라고 평가했습니다. 역대급 자산 열풍의 단면을 보여 주는 사례로, 무제한 양적완화가 어떻게 자산 시장을 변질시키는지에 대한 단면을 볼 수 있었습니다.

비트코인과 알트코인 폭등

디지털 금, 비트코인

코로나 이후 돈이 풀리자 자산 가치가 오르기 시작합니다. 그 흐름에서 가장 강하게 반응한 것이 비트코인이었고요. 2020년 초 7,000달러대였는데 2021년 4월에 6만 달러를 돌파합니다. 이에 기관 투자자와 기업들조차 비트코인을 매입하는데요. 일론 머스크의 "테슬라가 비트코인을 구매했다"는 발언은 비트코인 폭등에 불을 붙였습니다.

알트코인, 도지코인

비트코인이 폭등하자 수많은 알트코인 Alternative Coin 이 따라 올랐습니다. 심지어 도지코인처럼 원래는 밈meme으로 만들어진 장난 코인조차 천문학적인 상승률을 기록했죠. 도지코인은 일론 머스크의 멘션 한 줄에 몇 배씩 오르기도 했고, 시바이누, 솔라나, 에이다 등 수많은 코인이 10배, 100배의 수익 신화를 만들었습니다.

자산 시장의 폭주

이 모든 현상의 본질은 하나였습니다. "돈은 풀렸고, 그 돈은 '희망'을 찾아 떠났다." 사람들은 실물보다 자산에 집중했습니다. 자산이 미래를 상징할수록, 그리고 밈적일수록, 더 많은 돈이 몰렸습니다. 그 결과 테슬라는 상식 밖의 시가총액에 도달했고, 게임스탑은 시스템을 뒤흔들었으며, 비트코인과 알트코인은 새로운 부의 상징이 되었습니다. 결국 연준과 정부는 천문학적인 돈을 풀었고, 자산 가격이 실물 경제 시장보다 훨씬 먼저 반응해서 버블을 형성했습니다. 개인 투자자들은 로빈후드를 등에 업고 역사상 가장 큰 광풍으로 투자를 실행했죠. 이 모든 현상은 금융 시스템의 공매도를 뒤흔들고, 암호화폐와 밈 주식 등이 폭등하는 새로운 자산 시장 질서를 만들었습니다.

자산 폭등의 끝,
인플레이션과 연준의 전환

풀린 돈의 부작용, 인플레이션

어느 시점부터 하나둘 문제가 터집니다. 돈은 풀렸는데 물건이 없다는 것이 문제였죠. 물류망은 무너졌고, 원자재 공급은 느려졌습니다. 그 와중에 수요는 살아나 물건 가격이 오르기 시작합니다. 설상가상으로 전 세계 물류 이동의 핵심 운하였던 수에즈 운하가 에버그린호 좌초로 막혀 버립니다. 시간당 5,200억 원의 손실을 야기한 전무후무한 역대급 '길막' 사건이었습니다. 또 미국의 소비자물가지수 CPI는 2022년 중반 9.1%까지 상승합니다. 유럽도 에너지 가격 상승으로 물가가 폭등하고요. 우리나라도 예외는 아니었습니다. 생활물가 상승과 전세 대란 등으로 곤욕을 앓았죠. 사람들은 실질적인 생계 압박을 체감합니다. 엄청나게 풀린 돈이 이제는 숨통을 조여 왔죠.

2021년 3월부터 물가가 급등했고, 연준은 이를 해결해야 했습니

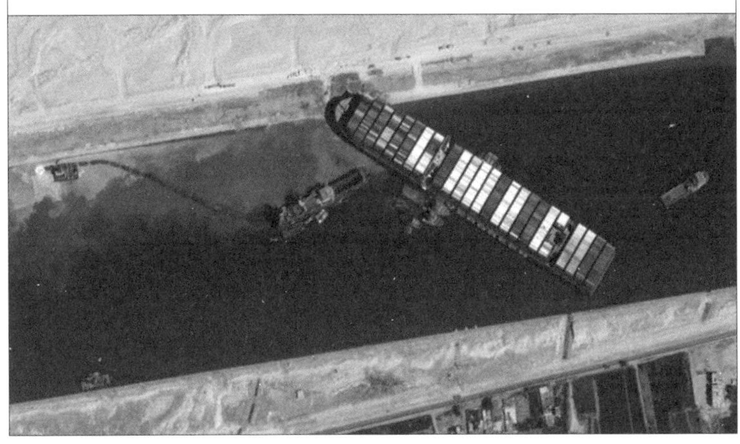

다. 제롬 파월 의장은 당연히 돈을 풀면 필연적으로 인플레이션이 온다는 사실을 알고 있었으나, 금융 시장부터 우선적으로 안정시켜야 했죠. 그는 "인플레이션은 일시적이니 자신을 믿어 달라"며 시장에 거짓말할 수밖에 없었습니다. 2021년 7월에도 시장은 안정적이라고 말했지만, 그의 말이 자산 시장을 더욱 폭등시켰고, 그만큼 인플레이션도 걷잡을 수 없이 커졌죠. 이때라도 금리를 인상했어야 했지만 실패했습니다.

연준의 무제한 양적 완화와 정부의 헬리콥터 머니에 대해 전 미국 재무장관 로렌스 서머스는 2021년 《워싱턴포스트》 기고문에서 강력히 비판했습니다. "이렇게 많은 현금을 살포하면 단기적 소비 증가가 아니라 장기적 인플레이션의 고통으로 되돌아올 것이다. 아이러니하게도 지원금을 받은 사람들이 결국 가장 고통받게 될 것이다.” 아무튼 2022~2023년 미국의 CPI는 급등했고, 가계의 실질 구매력은 오히려 감소했습니다. 즉, 단기적 생계보다는 장기적 물가 압력이 더 큰 문제로 부각되었죠.

긴축의 시대

그동안 돈을 뿌려 온 미국 연방준비제도FED는 2022년부터 완전히 다른 기조를 취합니다. 이른바 ‘통화정책의 대전환’이 시작되었습니다. 2021년 말 미국의 기준금리는 0.00%였습니다. 그러다 2022년 12월이 되면 4.50%가 되고, 2023년 중반에는 5.25%로 치솟습니다. 역사상 가장 가파른 금리 인상이자, 자산 시장에 경고를 보내는 ‘금리 쇼크’였습니다. 드디어 양적 완화를 멈추고 긴축의 시기가 도래했죠. 금리 인상기, 자산 시장의 빙하기입니다. 이때 S&P 500은 무려 30% 가까이 폭락합니다. 다시 한번 자산 시장의 하락기가 찾아옵니다.

S&P 500의 경우 무려 30%에 가까운 폭락을 겪고, 코인 시장도 거품이 꺼지며 대폭락합니다. 특히 비트코인은 6만 달러가 넘었던 것이 2022년 말에는 1만 5,000달러대까지 급락하죠. 80%에 가까운 폭락입니다. 부동산 시장도 고금리의 직격탄을 맞습니다.

자산은 오르기도 하고 떨어지기도 합니다. 그 바탕엔 항상 금리와 유동성이 있습니다. 돈이 풀리면 자산이 오릅니다. 반대로 돈이 줄면

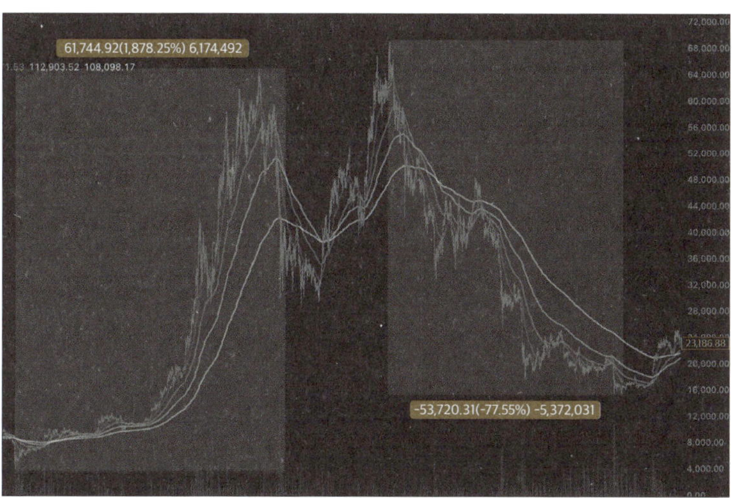

S&P 500의 경우, 30%에 가까운 무시무시한 폭락을 보여 주었다(위). 코인 시장 또한 거품이 꺼지며 80%에 가까이 대폭락했다(아래).

자산은 하락합니다. 코로나는 전 세계 화폐 시스템, 투자 패턴, 정부의 역할, 중앙은행의 힘이 새롭게 재편되는 거대한 전환점이었습니다. 우리는 이 시스템을 이해해야만 합니다.

미국이 금리를 올린
진짜 이유

연준이 말한 표면상 이유: 인플레이션 퇴치

2022년 이후 연준은 강력한 금리 인상을 단행했습니다. 공식적인 명분은 분명했죠. "우리는 물가 안정을 최우선으로 한다." 제롬 파월이 2022년 FOMC 회의에서 한 말입니다. 중앙은행의 가장 큰 책무 중 하나이기도 합니다. '물가 안정'과 '고용 극대화'가 연준의 양대 사명이거든요. 그런데 물가가 통제되지 않으면 실질임금은 줄고, 경제 전체의 신뢰도도 무너집니다.

겉으로는 인플레이션과의 전쟁이었지만 금리를 올리면 생기는 다른 효과들에도 주목할 필요가 있습니다. 먼저 달러 강세 유도입니다. 미국이 금리를 올리면 전 세계 자금이 다시 미국으로 몰리게 됩니다. 달러는 강해지고, 신흥국 통화는 약해지죠. 그 결과 미국 외 나라들은 수입 물가에 고통받게 됩니다. 즉, 미국은 자국 내 인플레이션은 잡으면서 다른 나라의 경제를 압박할 수 있는 이중 효과를 누릴 수 있죠. 다음으로 외국 자금의 미국 국채 수요 증가입니다. 금리가 높아지면 미국 국채의 금리 수익률이 매력적으로 바뀝니다. 전 세계 중앙은행과 투자자들은 미국 국채를 더 사게 되고요. 이로써 미국은 달러를 더 찍을 수 있는 여유를 확보합니다. 다시 말해 금리를 올리는 동시에 부채를 떠넘기는 구조가 유지됩니다.

세계 경제 질서의 재정렬

미국의 고금리는 미국 내의 통화정책이 아닙니다. 세계 경제 질서를 다시 미국 중심으로 묶는 전략적 수단으로 바라봐야 합니다. 유럽의 경우 에너지 수입 부담 증가, 미국 자산으로의 자본 유출이라는 영향을 받습니다. 한국과 일본은 원화·엔화 약세, 외국인 자금 이탈이 문제입니다. 신흥국은 외환 보유고 급감, IMF 위기 가능성을 간과할 수 없습니다. 특히 기축통화국이 아닌 나라들은 미국의 금리 인상에 따라 통화정책 자율성을 거의 상실하게 됩니다.

인플레이션이라는 명분과 진짜 목적

연준의 금리 인상책은 인플레 대응을 넘어 미국이 세계 패권을 유지하기 위한 통화 전략의 핵심으로 기능했습니다. 연준이 정부와 합작해 인플레이션을 유발했고요. 돈(화폐)의 가치가 올라가는 것이 금리 인상, 반대가 금리 인하입니다. '금리＝돈'의 '이자＝화폐' 가치이기 때문입니다. 여기에 모든 자산 시장이 연결되어 있습니다. 우리는 자본주의 시대에 피아트 머니를 활용해 살아가고 있기에 이 시스템을 이해해야 하고, 여기서부터 투자가 시작됩니다.

인플레이션의 명분과 진짜 효과

명분	진짜 효과
물가 안정	글로벌 자금의 미국 회귀
소비 억제	신흥국 경제 압박
금리 인상	미국 국채 매력 증가
양적 긴축	민간 부문 자산 하락 유도, 미국 내 자본 집중

돈의 가격을 이해하는 것이 투자의 시작

자본주의 시스템의 꽃, 돈

자본주의 시스템에서 모든 것은 화폐의 가치, 즉 돈의 '가격'으로 연결됩니다. 이 돈의 가격이 바로 금리(이자율)입니다.

금리=돈의 이자=화폐의 가치

금리는 대출 시 부담해야 하는 이자가 아닙니다. 화폐가 얼마나 '가치 있는 것인가'를 측정하는 기본 단위로 바라봐야 합니다. 금리가 높아지면 돈을 빌리는 비용이 커지고, 이렇게 되면 시중에 돈이 줄어듭니다. 반대로 금리가 낮아지면 돈을 빌리는 비용이 적어지고, 이렇게 되면 시중에 돈이 넘칩니다. 즉, 금리는 화폐의 희소성과 직결되며, 모든 자산(주식, 채권, 부동산, 암호화폐 등) 가격에 영향을 줍니다.

피아트 머니 시스템에서는 신뢰가 곧 가치

우리가 사용하는 돈은 본질적으로 아무 가치가 없는 종이에 불과합니다. 금으로 교환되는 것도 아니고, 실물로 보장되지도 않습니다. 그러나 사람들은 이 돈을 기꺼이 받아들입니다. 왜일까요? 모두가 돈을 '가치 있다'고 믿어서입니다. 피아트 머니 시스템의 핵심입니다. 그러나 이 신뢰는 금리정책 하나로 언제든 흔들릴 수 있습니다.

자산의 본질적 가치=화폐 대비 상대 가치

이제 자산을 바라볼 때 단순히 '이 주식이 좋아 보인다'가 아니라, '지금 이 자산이 화폐보다 더 나은 가치 저장 수단인가?'를 먼저 물어야 합니다. 금리가 낮고 돈이 많으면 자산 가격이 상승하고, 금리가 높고 돈이 귀하면 자산 가격이 하락합니다. 화폐의 가치(금리)와 자산의 상대 가치를 비교하는 것은 모든 투자 판단의 출발점입니다.

우리는 피할 수 없는 시스템 속에 살고 있다

기축통화인 달러의 금리, 연준의 통화정책, 정부의 재정정책(지출, 부채), 민간 소비와 자산 시장 흐름 등의 요소가 하나의 시스템으로 연결되어 있으며, 그 중심에는 '돈의 가치', 즉 금리가 있습니다. 그리고 금리는 전 세계 자산 가격과 실물 경제의 명암을 바꾸는 가장 중요한 변수이죠. 투자의 본질은 이 상대 가치를 판단해서 화폐에 비중을 실을지 아니면 자산에 비중을 실을지 결정하는 일입니다. 화폐의 가치가 하락한다고 생각하면 자산에 투자하고, 화폐의 가치가 올라가리라 예측하면 자산에서 화폐로 잠시 대피하는 것으로요. 이제 우리는 저금리와 고금리 시기에 다르게 투자해야 한다는 것을 알았습니다.

저금리 vs 고금리 시대의 투자법

우리는 돈의 시대에 살고 있고, 돈의 가치는 금리라는 단 하나의 숫자로 표현됩니다. 그렇다면 금리가 낮을 땐 어떤 자산이 오르고, 금리가 높을 땐 어떤 자산이 오를까요? 돈의 흐름에 따라 달라지는 투자 전략을 알아보겠습니다.

저금리 시대에는 유동성이 커집니다. 돈이 자산으로 몰립니다. '돈이 싼 시대에는 자산이 비싸진다'고 하겠습니다. 먼저 중앙은행이 금리를 낮추면 은행 이자는 줄고, 돈을 빌리기 쉬워집니다. 금리가 낮으니 기업과 개인은 쉽게 대출받아 이 돈으로 소비를 하거나 투자에 사용합니다. 자연히 주식 시장에 돈이 몰리고 부동산 시장이 들썩이며 암호화폐 같은 고위험 자산까지도 가치가 올라갑니다. 특히 미래 성장성을 그리는 기술주, 혁신기업, 스타트업이 고평가받죠. 코로나 이후로 테슬라, 엔비디아, 아마존 같은 빅테크 기업의 주가가 폭등했고 비트코인과 알트코인도 전례 없는 상승을 기록했습니다. 미래의 수익을 '할인'할 때 금리가 낮으면 현재 가치가 높게 계산되기 때문입니다.

반대로 고금리 시대는 돈이 자산에서 빠져나갑니다. '돈이 비싼 시대에는 자산이 싸진다'고 하겠습니다. 먼저 연준이 인플레이션을 억제하기 위해 금리를 올리면 기업의 자금 조달 비용이 올라가 소비자는 대출을 줄입니다. 그 결과 시중의 돈이 빠르게 줄어들죠. 이때 자산 시장은 수정 국면에 들어갑니다. 금리가 낮을 때와 반대로 (미래 수익 할인율이 올라가 가치가 낮아지기 때문에) 기술주는 더 큰 타격을 입습니다. 부동산도 불황이 되고, 암호화폐 같은 위험 자산은 급락하죠. 반대로 달러와 미국 국채, 현금은 다시 강세를 보입니다. 이처럼 고금리 시대에는 현금의 가치가 올라가고, 유동성에 의존한 자산들은 조정받습니다.

지금은 어떤 시대일까요? 미국은 코로나로 엄청난 돈을 풀었다가 2022년부터 40년 만의 급격한 긴축(고금리)을 단행했습니다. 단 1년 반 만에 0%대 금리를 5%대까지 인상했죠. 이는 자산 시장 전반에 엄청난 충격을 줬고, 그 결과 테슬라, 나스닥, 부동산 등 고평가 자산이 급락합니다. 하지만 일시적인 조정이었고 미국의 기술 혁신, 이를테면 AI, 반도체, 클린에너지 등은 고금리 속에서도 여전히 매력적입니다. 앞으로는 단순히 '유동성이 풀리니 다 오른다'가 아니라, 금리와 자산의 관계를 이해한 선택과 집중의 시대가 되리라 예상합니다.

저는 '금리는 방향, 자산은 선택'이라고 정리하겠습니다. 금리는 전체 자산 시장의 '기류'와 같습니다. 돈의 흐름은 금리에 따라 결정되고 자산의 성과는 이 흐름을 먼저 읽은 자의 것이니까요. 이제 투자는 감이 아니라 '금리→화폐 가치→자산 시장 반응'의 구조를 이해하는 시스템적 사고에서 시작되어야 하겠습니다.

물이 순환하는 것처럼 자산 시장은 금리에 따라 돈의 흐름이 달라진다.

직관이나 감에 의존해 투자하는 시대는 끝났습니다. 금리, 화폐 가치, 자산 시장의 상호작용을 체계적으로 이해하는 '시스템적 사고'에서 출발해야 합니다. 물이 증발해 구름을 이룬 다음 비의 형태로 땅을 적시고 다시 강과 바다로 흘러가는 과정이라고 생각하면 이해가 빠릅니다. 금리는 화폐 가치에 영향을 미치고, 이는 자산 시장에 파장을 일으키는 순환 구조를 이룹니다. 여기에 'M2(현금, 예금, 단기 금융 상품의 총량) 증가'라는 요소가 더해지면, 이 시스템의 흐름은 더욱 복잡하고 역동적으로 변합니다.

금리는 태양열이 물을 증발시키는 것과 같은 역할을 합니다. 중앙은행이 기준금리를 조정하면 자금 흐름이 바뀝니다. 금리가 오르면 대출 비용이 높아져 돈의 유동성이 줄고, 금리가 내리면 시장에 돈이 더 쉽게 풀립니다. 물이 증발해 대기 중으로 올라가는 초기 단계와 유사합니다. 현재, 글로벌 금리 환경은 인플레이션 억제와 경제 회복 사이에서 민감한 균형을 맞추고 있습니다. 증발한 물이 구름을 이루듯, 금리 변화는 화폐 가치에 영향을 미칩니다. 금리가 상승하면 화폐의 구매력이 강해질 수 있지만 과도한 인상은 경제 활동을 위축시켜 가치를 불안정하게 만들 수도 있습니다. 반대로 금리가 낮아지면 화폐 공급이 늘어나며 가치가 희석될 가능성이 커집니다. 여기서 M2가 중요한 역할을 합니다. 중앙은행이 화폐를 추가로 찍어 M2를 늘리면 시장에 돈이 넘쳐나며 화폐 가치가 하락하는 경향을 보입니다. 이는 구름이 비로 바뀌기 전 축적되는 수증기와 비슷합니다. 구름에서 내린 비가 땅을 적시고 강을 불리듯 화폐 가치의 변화는 자산 시장에 영향을 미칩니다. M2가 증가하면 투자자들의 현금이 주식, 부동산, 채권에 몰려 가격이 상승합니다. 반대로 금리가 급등하면 자산 가격이 하락하는 압력을 받습니다. 물이 강을 따라 바다로 흘러 다시 증발하는 과정과도 같습니다.

할인율 discount rate

미래의 현금 흐름을 현재 가치로 환산할 때 사용하는 비율. 시간 가치에 따라 돈의 가치를 조정하며, 주로 투자 분석이나 채권 가격 계산에 활용된다. 할인율은 금리와 비슷하지만 미래 가치를 현재로 '할인'하는 데 초점이 맞춰져 있다. 가령 3년 후 1,000달러를 받을 때 5% 할인율을 적용하면, 현재 가치는 약 863.84가 된다(복리 계산).

PART 3.

아레스 베타 투자법:
레버리지를 꼭 써야 하는 이유

아레스 베타 투자는
무엇인가

도대체 '베타$_\beta$'란 무엇일까요? 베타는 통상적으로 시장 변동성과의 연동성을 의미합니다. 하지만 제가 만든 아레스 베타 투자법은 단순히 시장을 따라가는 수동적 투자 전략이 아닙니다. 화폐 가치 변화와 금리 흐름, 글로벌 유동성 사이클, 그리고 미국의 구조적 패권 시스템까지 고려하는 매크로 기반의 능동적 자산 배분 전략입니다.

베타와 내 자산

베타는 내 자산이 시장 전체와 얼마나 동조화되어 움직이는가를 나타내는 지표입니다. 거의 모든 주식이 '베타값'을 가지고 있고, 시장을 베타라고 부르기도 합니다. 보통 S&P 500 지수를 베타 1로 보는데요. 시장보다 더 오르거나 내리거나 등 변동성이 심하면, 베타가 1보다 커집니다. 예를 들어 보겠습니다.

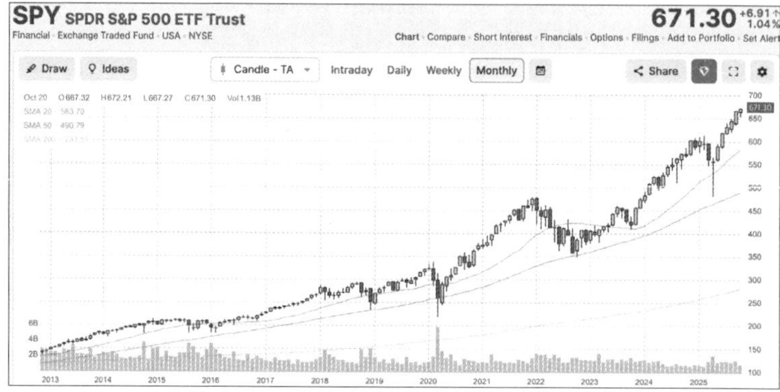

Previous Close	642.47	Net Assets	652.63B
Open	642.20	NAV	642.53
Bid	--	PE Ratio (TTM)	27.39
Ask	645.30 x 1300	Yield	1.13%
Day's Range	641.57 - 645.51	YTD Daily Total Return	10.28%
52 Week Range	481.80 - 646.50	Beta (5Y Monthly)	1.00
Volume	50,878,003	Expense Ratio (net)	0.09%
Avg. Volume	70,538,074		

S&P 500 지수를 추종하는 ETF인 SPY의 경우, 베타값이 1입니다. 시장과 정확하게 '똑같이' 움직인다는 뜻입니다.

위의 차트에서 엔비디아(금색)의 베타값은 얼마일까요?

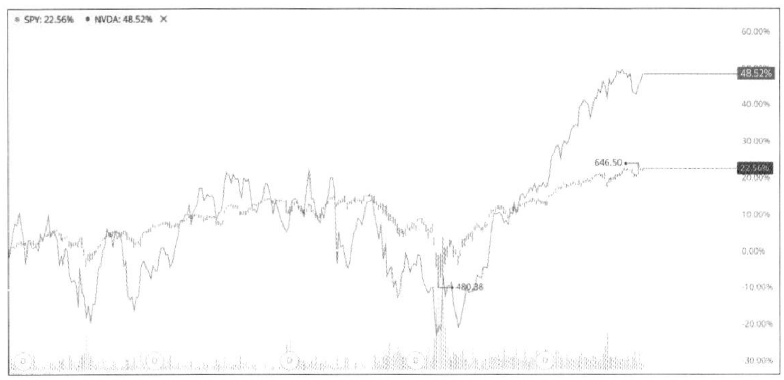

2.1입니다. S&P 500과의 차이를 보면 됩니다. 이는 시장보다 2.1배만큼 더 움직인다는 뜻입니다. 완벽하게 시장이 1% 오르면 2.1% 오르고, 1% 하락하면 2.1% 하락하진 않겠지만, 평균을 냈을 때 대략 2배 넘게 움직입니다.

Beta	2.10

SPY와 비교하면 엔비디아는 시장을 아웃퍼폼outperform하고 있습니다. 이런 주식을 발굴하고, 종목을 선택하고, '액티브'하게 투자하는 투자자가 액티브한 투자자입니다. '알파α'를 찾는다고도 표현합니다.

시장을 베타라고 부른다고 했는데요. 그럼 베타 투자자는 시장을 추종하는 투자자가 되겠습니다. 시장을 추종하는 투자자를 다른 말로 '패시브passive'한 투자자라고도 합니다. 패시브한 투자자는 아무것도 안 하고 시장에 몸을 맡기기만 해도 연평균 시장수익률 (10~11%)을 기록할 수 있습니다. 실제로 전 세계의 천재와 수재가 모인 헤지펀드의 90% 이상이 시장수익률을 이기지 못합니다. 이것이 패시브 투자의 장점입니다.

• 베타의 기본 개념

$\beta = 1$ → 시장이 1% 오르면 해당 자산도 평균 1% 움직인다.

$\beta > 1$ → 시장보다 더 크게 반응한다. (예: 나스닥 기술주, 엔비디아, 레버리지 ETF)

$\beta < 1$ → 시장보다 덜 움직인다. (예: 방어주, 필수 소비재, 채권)

$\beta \approx 0$ → 시장과 거의 상관없다. (예: 현금, 단기 국채)

$\beta < 0$ → 시장과 반대로 움직인다. (예: 인버스 ETF, 커버드 콜 등)

베타는 개별 종목이나 포트폴리오가 시장과 얼마나 '같이 춤추는 지'를 보여 주는 척도입니다. 베타 투자자는 자기 자산의 베타를 의도적으로 높이거나 낮추면서 시장의 파도에 대응하죠.

알파란 무엇인가

알파는 시장수익률을 초과하는 성과를 뜻합니다. 시장(S&P 500) 이 10% 올랐는데 내 포트폴리오가 15% 올랐다면 알파는 +5%가 됩니다. 즉, 시장을 5% 아웃퍼폼했습니다. 반대로 8%밖에 못 올랐다면 알파는 −2%입니다. 정리하면 알파는 투자자의 판단·종목 선별·전략적 선택이 만들어 내는 초과 수익입니다. 베타는 시장 자체에 올라탄 것으로 얻는 수익이고요.

네 가지 투자자 유형

유형	특징	무기	시간 축	장점	리스크
베타 투자자	시장 전체에 올라타되, 현금·레버리지로 베타 조절	QQQ, TQQQ, SOXL 같은 ETF+현금	장기 (수개월마다 베타 리벨런싱)	단순·투명. 시장의 구조적 상승에 올라탐	변동성에 흔들릴 수 있음. 타이밍·현금 관리 중요
알파 투자자	종목 발굴과 분석으로 시장을 이기려 함	개별주, 팩터 전략(밸류, 모멘텀 등)	중장기 (수개월~ 수년)	초과 수익 가능성	정보·분석 역량 필요. 종목 리스크 큼
트레이더	가격의 단기 왜곡과 수급을 노림	기술적 지표, 파생 상품, 단타 매매	단기 (일주일)	시장 국면과 무관하게 기회 포착	고위험. 규율·속도·멘탈 관리 필요
일반 투자자	뉴스에 사고 파는 투자자	급등주	초단기	행동 오류	공포 매도, 환희 매수

아레스 베타 투자법이란

베타 투자의 본질

베타 투자는 기본적으로 패시브한 전략입니다. 복잡하게 종목을 고르고 기업의 재무제표를 분석하지 않아도 시장에 올라타는 것으로 충분합니다. 역사적으로 미국 증시는 연평균 10~11%의 수익률을 제공해 왔습니다. 특히 나스닥 100을 추종하는 경우, 장기적으로 15~16%의 연평균수익률을 기록하며 시장 참여자에게 막대한 부를 안겨 주었습니다. 한마디로 시장에 올라타는 것만으로도 대부분의 투자자는 장기 복리의 힘을 경험할 수 있습니다.

아레스 베타 투자법: 베타에서 알파를 끌어내다

여기서 한 걸음 더 나아간 것이 아레스 베타 투자법입니다. 시장을 추종하는 데서 끝나지 않고, 시장의 사이클과 심리를 이용해 베타 속에서 알파를 뽑아내는 전략입니다. 아레스 베타 투자법을 익힌 투자자와 커뮤니티는 다음과 같은 원칙을 따릅니다.

- 공포 속에서 매수한다. (대중이 두려워할 때 용기 내는 투자)
- 환희 속에서 매도한다. (탐욕이 극대화될 때 차익 실현)
- 리밸런싱을 통해 현금과 레버리지를 조절한다.

왜 시장만 추종하는가

아레스 베타 투자법의 또 하나의 철칙은 '오직 시장만 추종한다'인데요. 개별 종목 투자는 위험합니다. 잘못된 선택 하나로 내 자산의 70%, 심지어 90% 이상이 날아갈 수 있습니다. 어떤 종목은 다시는 회복하지 못합니다. 시장은 다릅니다. 시장 전체는 개별 종목과

달리 망하지 않습니다. 앞서 설명했듯이 미국은 자본주의의 중심이며, 연준의 유동성 공급과 인플레이션이라는 구조적 힘 덕분에 장기적으로 우상향할 수밖에 없습니다. 따라서 시장을 추종한다는 것은 곧 '결국은 회복한다'는 확실성을 기반으로 투자한다는 뜻입니다.

나쁜 시기마저 기회로 바꾸는 힘

시장이 불황에 빠지고, 경제가 침체를 겪으며, 지수가 크게 하락할 때조차도 베타 투자는 유효합니다. 오히려 이때가 최고의 기회입니다. 지수가 하락하면 같은 금액으로 더 많은 주식을 살 수 있습니다. 불황기에 매수한 자산은 경기 회복기에 폭발적인 수익을 안겨줍니다. 즉, '안 좋은 시기에 샀다'고 좌절할 것 없이 장기적으로 더 큰 수익을 기대할 수 있습니다.

결론적으로 베타 투자는 단순한 패시브 전략이지만 아레스 베타 투자법은 이를 능동적인 전략으로 승화시킵니다. 시장을 추종하는 데에서 출발해, 공포와 환희를 이용한 리밸런싱으로 알파를 끌어내고, 개별 종목의 리스크 없이 자본주의 체제와 인플레이션의 구조적 우상향을 이용합니다. 그 결과 베타 투자자는 망하지 않는 게임판 위에 서서 시장보다 더 큰 성과를 추구할 수 있는 투자자로 거듭나죠.

아레스 베타 투자 vs 개별 종목 투자

구분	베타 투자 (시장 추종, QQQ·TQQQ)	개별 종목 투자 (테슬라, 넷플릭스 등)
안정성	시장 전체를 추종하기 때문에 망할 확률 0%(미국 경제·나스닥 100 자체가 무너지지 않는 한 안전)	잘못된 종목 선택 시 파산·상장 폐지 리스크 존재. 주가가 90% 이상 하락할 수도 있음
기대수익률	S&P 500 기준 연평균 10~11%, 나스닥 100 기준 15~16%의 꾸준한 복리 효과 및 추가 알파 연 100~200%도 가능	종목에 따라 수익률이 천차만별. 성공 시 수백~수천 % 수익도 가능, 실패 시 전액 손실
리스크	변동성은 있지만 결국 시장 평균으로 회귀. 리스크는 주로 '심리적 공포'	개별 기업 실적, 산업 트렌드, 규제 리스크 등 비체계적 위험에 크게 노출
회복 가능성	불황에도 결국 회복. 시간이 곧 회복의 열쇠(유동성 공급+인플레 구조)	어떤 종목은 영영 회복하지 못함 (예: 닷컴 버블 이후 몰락한 기업들)

결국 베타 투자란

전통적 패시브 투자자의 한계

베타는 통상적으로 '시장 변동성과의 연동성'을 의미합니다. 즉, 시장이 1% 오르면 내 자산은 몇 % 움직이는가를 숫자로 표현한 지표입니다. 이로 인해 베타 투자는 시장을 따라가는 수동적 전략으로 인식되었습니다. 하지만 제가 제시하는 아레스 베타 투자법은 단순한 시장 추종이 아니라 시장 위에서 능동적으로 포지션을 조절하는 전략적 자산 배분법입니다.

아레스 베타 투자법의 본질

아레스 베타 투자법은 '시장만 따라가도 망하지 않는다'는 원리를 기반으로 하지만, 여기서 그치지 않고 매크로 분석을 결합해 알파(추가 수익)를 창출합니다. 핵심 원리는 다음 세 가지입니다.

첫째, 유동성 흐름을 읽습니다. 글로벌 금융 시장의 중심은 언제나 달러였습니다. 연준이 언제 유동성을 공급하는지, 그 돈이 어디로 흘러가는지를 읽으면 시장의 방향성을 잡을 수 있습니다. 둘째, 금리와 인플레이션의 상관관계를 활용합니다. 금리는 곧 돈의 가격이죠. 따라서 금리가 내려가면 자산 가격은 폭등하고, 금리가 오르면 시장은 흔들립니다. 금리 사이클이 자산 시장에 미치는 파급력을 읽는 것이 곧 베타 조절의 시작입니다. 셋째, 사이클의 초기에 집중합니다. 유동성이 풀리기 시작하는 국면, 경기 회복의 초입은 가장 강력한 수익 창출의 시기입니다. 이때 나스닥, 반도체, 테슬라, 비트코인 같은 고베타 자산이 가장 먼저, 가장 크게 반응하는데요. 초기 사이클에 집중적으로 베타를 높이는 것이 핵심 전략입니다.

능동적 매크로 전략

아레스는 달러 유동성의 방향, 금리와 인플레이션의 상호작용, 경기 사이클의 흐름 등 매크로 요인을 종합적으로 고려해 능동적으로 베타를 올리고 내립니다. 즉, 베타 투자자는 지수를 사는 사람이 아니라, 시장의 구조적 힘 위에서 포지션을 전략적으로 조절하는 사람입니다.

상황별 베타값과
대응법

실전 예시: 내 베타가 1이라는 것의 의미

저는 항상 베타 값 1을 강조합니다. 내 자산의 베타값을 계산했을 때 1이 나오려면 어떻게 해야 할까요? 간단합니다. 내 자산이 전부 SPY ETF에 투자되어 있어야 합니다.

베타 1 = 시장과 완전히 동조

내 전 자산이 S&P 500(대표 지수 ETF: SPY, VOO, IVV 등)에 들어가 있는 상태로, 시장이 1% 오르면 내 자산도 1% 오르고, 시장이 1% 떨어지면 내 자산도 1% 떨어집니다. 베타 1은 '순수한 시장', 그 자체입니다. 가령 내가 가진 전체 자산 중에서 현금이 0원이고, 전액 SPY에 투자하고 있다면 '내 고유 베타값'은 1이 됩니다.

	내 보유현금		티커(주식이름)	베타	현재가격(실시간)	수량
달러 변환값	$0	#실시간 환율#	SPY	1	$646.6	112
보유현금(원화) =>	₩0	$1,387.3				
	내 주식전체가치					
전체 주식자산(달러)	$72,423					
전체 주식자산(원화)	₩100,475,082					
	내 총 자산					
총자산(달러)	$72,423					
총자산(원화)	₩100,475,082					
	내 현재 총 베타					
	1.00					

아레스 베타 계산기 파일에 보유 현금과 주식을 대입했다.

테슬라나 엔비디아를 가지고 있거나 TQQQ 같은 레버리지를 가지고 있다면 베타값이 달라집니다. A의 전체 자산이 1억 원인데, 1,000만 원은 테슬라에, 500만 원은 엔비디아에, 3,000만 원은 TQQQ에 투자한다고 가정하겠습니다. 테슬라의 베타값은 1.6, 엔비디아의 베타값은 2.3, TQQQ의 베타값은 3.5입니다(변동).

• 베타 계산 과정

총 자산: 1억 원

자산 배분: 테슬라 1,000만 원(10%) → $\beta = 1.6$ / 엔비디아 500만 원(5%) → $\beta = 2.3$ / TQQQ 3,000만 원(30%) → $\beta = 3.5$ / 현금 5,500만 원(55%) → $\beta = 0$

가중 평균 계산: $(0.10 \times 1.6) + (0.05 \times 2.3) + (0.30 \times 3.5) + (0.55 \times 0) = 0.16 + 0.115 + 1.05 + 0 = 1.325$

	내 보유현금		티커(주식이름)	베타	현재가격(실시간)	수량
달러 변환값	$39,643	#실시간 환율#	TSLA	1.6	$349.6	21
보유현금(원화) =>	₩55,000,000	$1,387.4	A	2.3	$181.6	20
	내 주식전체가치		TQQQ	3.5	$91.0	240
전체 주식자산(달러)	$32,823					
전체 주식자산(원화)	₩45,538,415					
	내 총 자산					
총자산(달러)	$72,466					
총자산(원화)	₩100,538,415					
	내 현재 총 베타					
	1.33					

아레스 베타 계산기로 현재 나의 베타값을 정확하게 알 수 있다.

이를 통해 A의 자산은 시장보다 약 1.33배 더 민감하게 움직인다는 결론을 얻을 수 있습니다. 즉, 시장이 1% 오르면 A의 포트폴리오는 평균 1.33% 오르고, 시장이 1% 내리면 1.33% 하락할 가능성이 높습니다. 현금을 55%나 보유한 상태임에도 TQQQ가 베타를 크게 끌어올린 덕분에 전체 베타가 시장(1)보다 높아졌습니다.

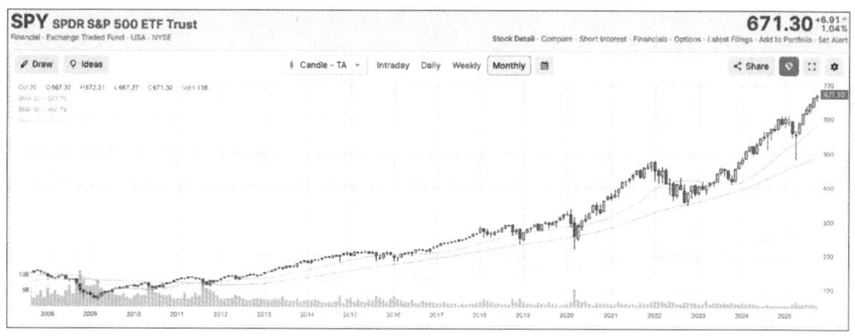

만약 2009년부터 A의 베타가 1이었고(2009년 A의 전체 자산이 1억 원이었다면) 시장에 자산 전부를 맡겼다면, 현재 A의 자산은 6억 5,000만 원이 됩니다. 왜냐고요? 베타가 1이라는 것은 연평균 SPY 수익률인 10~11%를 매년 '복리로' 달성하는 것이니까요. 순수하게 시장을 따라간다고 생각하면 됩니다.

왜 아레스는 베타 1 이하를 싫어하는가

저의 철학은 명확합니다. "내 자산이 시장을 따라가지 못한다는 것은 곧 기회를 버리는 것이다." 베타가 1보다 작다는 건 내 자산이 시장보다 덜 움직인다는 뜻입니다. 자산의 일부가 현금이거나, 채권이거나, 시장과 상관없는 데 묶여 있다는 거죠. 이렇게 되면 장기 복리의 힘을 100%로 누리지 못하고 결국 시장수익률에도 뒤처지고 맙니다. 시장은 자본주의와 함께 우상향합니다. 그렇다면 최소 기준은 '시장과 똑같이 움직인다(베타 1)'여야 합니다. 시장을 이기고 싶다면 전략적으로 베타를 높이거나 낮추는 조절이 필요할 뿐, 베타가 1 미만으로 내려앉는 것은 패배 인정과 다름없습니다.

아레스 베타 투자법은 시장을 따라가는 것(베타 1)에서 출발합니다. 그 위에 다음과 같은 전략적 조절이 더해집니다.

상승장 초입: 베타를 2~3으로 끌어올려 시장수익률 증폭

불확실 구간: 베타를 1 부근으로 유지, 올라도 최소 시장수익률 확보. 떨어지면 현금 투입으로 베타 증축

위기·침체 국면: 현금을 확보해 베타를 1 혹은 그 이하로 내리되, 언제든 다시 1 이상으로 올릴 준비

베타 1은 기본값, 투자자의 '기본 자세'입니다. 이보다 높아져야 비로소 시장을 이기는 여정이 시작됩니다.

현금과 레버리지를 동시에 가진다는 것의 의미

앞의 계산에서 보았듯이, 내 전체 자산 1억 원 원 중 일부를 테슬라나 엔비디아 같은 개별 종목에 두고 또 다른 일부를 TQQQ와 같은 레버리지 ETF에 두면 포트폴리오 전체의 베타값은 시장(1)을 상회하여 1.33 정도로 나타납니다. 여기서 중요한 점은 베타가 높다는 사실이 아닙니다. 현금을 충분히 보유한 상태에서 레버리지를 사용했다는 점이죠. 내 자산 1억 원 중에서 현금은 무려 5,500만 원, 즉 55%에 달합니다. 내 자산의 45%만 사용했는데도 베타값은 1.33으로, 시장을 충분히 상회하는 수익률을 거둘 수 있습니다. 위기가 와도 현금이 절반 이상이기 때문에 충분히 대응할 수 있고요.

시장보다 높은 수익률을 확보하는 힘

TQQQ 같은 3배 레버리지 ETF는 시장이 오르는 구간에서 폭발적인 수익을 냅니다. 나스닥이 10% 오르면 TQQQ는 30% 가까이 상승합니다. 따라서 자산의 일부만 TQQQ에 투자해도 전체 포트폴리오의 베타는 자연스럽게 1 이상으로 올라갑니다. QQQ에 자산의 100%를 투자한 투자자보다 더 높은 수익률을 추구할 수 있습니다.

게다가 테슬라나 엔비디아 같은 성장주는 시장보다 높은 베타를 지니기 때문에 이들 자산이 추가로 수익률을 끌어올립니다.

현금 보유가 주는 안정성

레버리지를 쓰는 순간 위험이 과도해지지 않을까 우려할 수 있습니다. 여기서 현금이 중요한 역할을 합니다. 현금이 전체 자산의 55%를 차지합니다. 시장이 단기적으로 하락하면 다른 투자자들은 손실을 감당하며 버텨야 합니다. 그러나 55%의 현금을 보유하고 있으니 오히려 추가 매수의 기회로 삼을 수 있습니다. 주가가 떨어질 때 현금을 넣어 베타를 더 높이면, 평균 단가를 낮추고 이후 상승장에서 더 큰 수익을 얻을 수 있습니다. 현금은 단순 방어 자산이 아니라 시장 하락기에 공격 자산으로 전환할 수 있는 잠재적 무기입니다.

공격과 방어를 동시에 가져가는 완벽한 구조

아레스 베타 투자법의 본질은 바로 여기에 있습니다. 레버리지 ETF는 공격의 칼입니다. 시장이 오를 때 폭발적인 수익을 줍니다. 현금은 방패입니다. 시장이 하락할 때 손실을 방어할 뿐 아니라 다시 칼로 전환될 수 있습니다. 이 둘을 동시에 보유함으로써 공격성과 안정성을 함께 확보하는 완벽한 투자 구조를 만들 수 있습니다.

베타값이 낮을 때·중립일 때·높을 때

베타값이 낮을 때

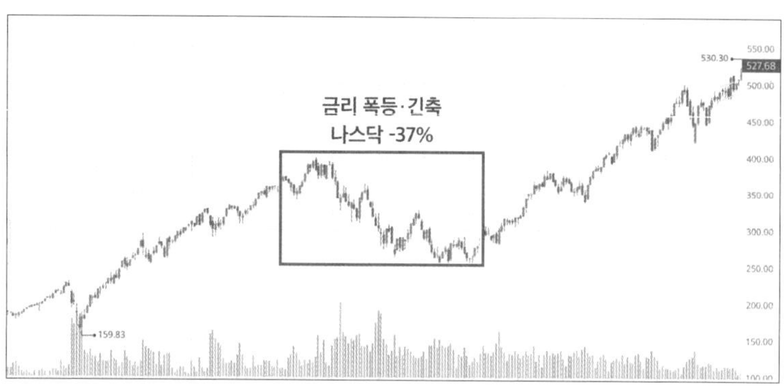

베타값이 낮을 때(β ≈ 0.3-0.7) 시장은 금리 고공 행진, 인플레이션 압력, 유동성 긴축 등으로 경기 불확실성(침체 신호)이 높아지고, 하이일드 스프레드가 확대됩니다. 이때의 전략은 (베타가 낮아지는 시기이므로) 베타가 충분히 낮아질 때마다 고베타 상품을 매수하는 것입니다. TQQQ, SOXL 같은 고베타 상품 진입 시점입니다. 리스크는 추가 하락, 대공황 발생 등인데요. 겁먹지 말고 공격적으로 베타 확대를 해야 합니다.

베타값이 중립일 때

베타값이 중립일 때(β ≈ 0.8~1.2) 시장은 금리 안정, 인플레이션 둔화 등으로 안정세를 보입니다. 다음 매수를 기다리는 상황이라고 할 수 있죠. 투자자가 가져야 하는 기준 베타 값입니다. 이때는 TQQQ, QQQ, TSLA, NVDA 레버리지, 1배수, 개별 주식 등 혼재가 가능합니다. 조정 시 레버리지 ETF TQQQ 추가 매수도 가능하고요. 횡보 기간이 길어질 수 있으나 '시장수익률 확보'를 기대할 수 있으므로 복리의 기반을 다지는 시기로 생각해야 합니다.

베타값이 높을 때

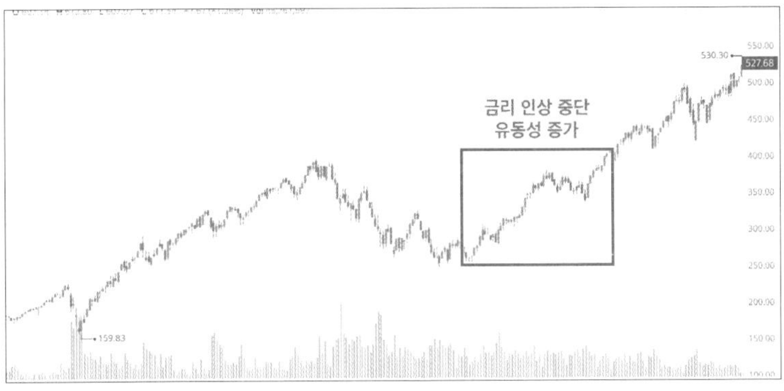

베타값이 높을 때($\beta \approx 1.5{\sim}2.0$)는 시장에 금리 인하 신호, M2 증가세, TGA 잔고 축소(유동성 증가) 등이 나타납니다. 경기 회복 초입으로 유동성 공급이 시작되죠. 이때는 레버리지 ETF TQQQ 편입을 확대하거나 테슬라, 반도체, 나스닥 성장주 등 고베타 섹터를 선점하는 전략이 필요합니다. 변동성이 확대되고 하락 시 손실 폭이 시장보다 커진다는 게 리스크인데요. 과감히 공격하되, 분할 매수·매도를 통해 항상 '출구'를 준비(매도 리밸런싱)하는 자세가 필요합니다.

초고베타 구간

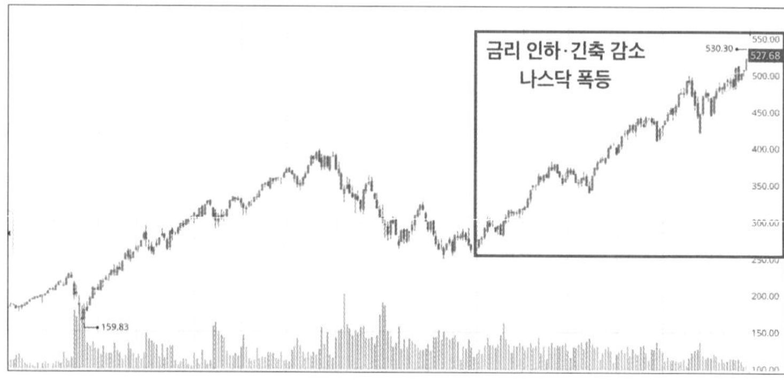

초고베타 구간(β ≈ 2.5~3.0 이상)에 시장은 유동성 대폭 확대, 경기 확장기, 심리적 환희 국면을 맞이합니다. 나스닥과 S&P 500도 신고가를 갱신하고요. 이 시기의 전략은 TQQQ, SOXL 등 3배 비중을 조절하는 것입니다. 과도한 베타 유지 시, 환호 구간에서 레버리지 ETF 매도 리밸런싱(전량 매도 안 됨)이 필요합니다. 블랙스완 가능성이 있지만 '공포에 매수, 환희에 매도' 자세를 지켜야 합니다. 시장이 과열될수록 베타를 낮추세요.

정리하면 금리가 높고 경기가 나쁠 때는 쌓아 둔 현금을 소진할 시기입니다. 경기가 회복되고 유동성이 늘 때는 베타 확대, 레버리지를 활용하세요. 시장이 과열되고 환희에 찬 국면에서는 베타를 줄여 매도 리밸런싱 및 현금화를 준비하세요. 베타 투자란 시장을 그대로 타되, 매크로 환경에 따라 베타값을 조정하는 능동적 전략입니다. 시장이 오를 때도 내릴 때도 심지어 횡보할 때도 기회가 있습니다. 아레스 베타 투자법은 그 리듬에 맞춰 베타를 조절하며, '망하지 않는 게임판 위에서 초과 수익을 창출하는 법'입니다.

내가 최악의 시기에
레버리지 투자를 했다면(대응법)

투자에서 가장 두려운 순간은 언제일까요? 최고점에 들어가서 바닥을 맞는 것이 아닐까요? 제가 만약 닷컴 버블이 터지기 직전인 2000년 최고점에 전 재산을 투자했다면 어떻게 되었을까요? 2000년

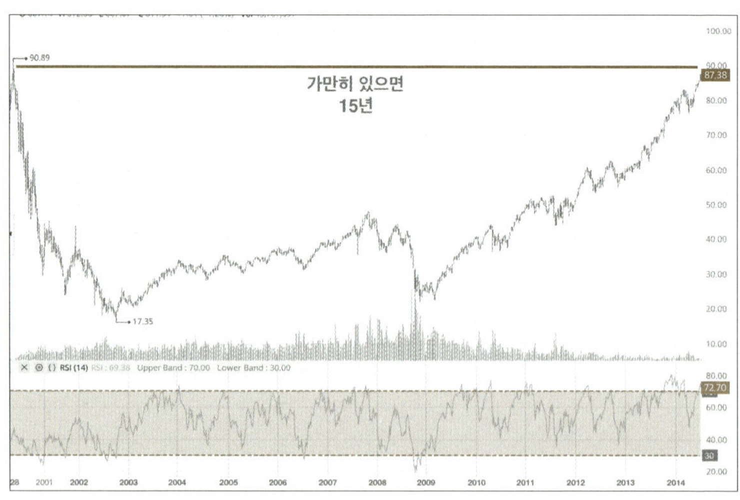

나스닥은 2년 만에 -78% 폭락했습니다. 이 시기에 나스닥 100을 추종하는 QQQ에 10만 달러(한화 약 1억 4,500만 원)를 넣었다면, 그 돈은 반 토막이 아니라 사라졌다고 느껴질 정도로 줄었을 것입니다. 그리고 원금 수준으로 회복되는 데 걸린 시간은 무려 15년이었습니다.

10만 달러를 닷컴 버블 최고점에서 투자하고, 매달 1,000달러씩 기계적으로 매수했다고 가정하겠습니다.

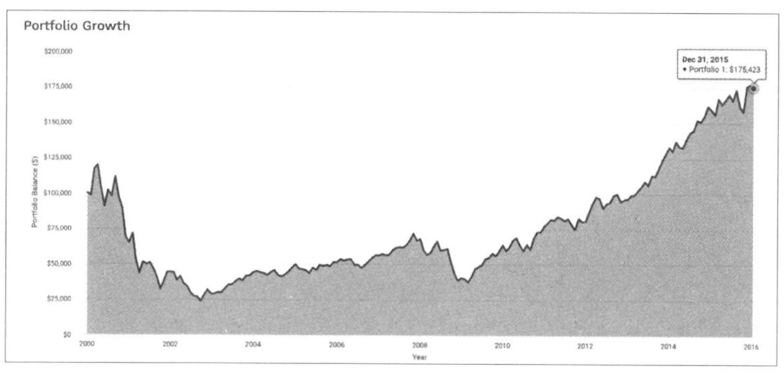

15년 동안 투자한 총 원금은 11만 8,000달러이고, 최종 평가액은 약 17만 5,423달러입니다. 총 수익률은 약 48%이고요.

TQQQ(3배 레버리지 ETF)에 고점 몰빵 투자했다면 어땠을까요? 결론은 간단합니다. 아직도 회복하지 못했을 것입니다. 고점에서의 레버리지는 재앙이고, 단순 보유만으로는 '영원히 본전을 찾을 수 없는 게임'입니다. 그런데 여기서 중요한 포인트가 있습니다. 만약 이때 (QQQ 때와 동일하게) 매달 1,000달러씩 기계적으로 추가 매수를 했다면요?

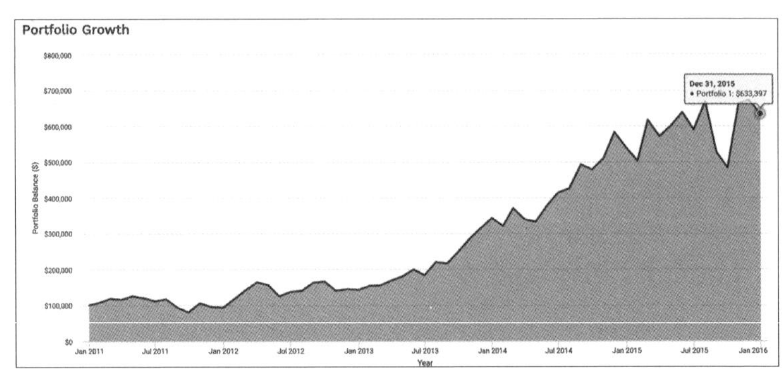

15년 동안 투자한 총 원금은 11만 8,000달러이고, 최종 평가액은 약 63만 3,000달러입니다. 총 수익률은 536%이고요.

이와 같은 놀라운 결과가 만들어집니다. 같은 원금을 넣고, 같은 방식으로 분할 매수했을 뿐인데 QQQ는 48% 수익률, TQQQ는 536% 수익률입니다. 왜 이런 차이가 생길까요? 복리 효과 때문입니다. QQQ를 단순히 3배 곱하면 150% 수익률에 불과합니다. 그러나 TQQQ는 상승장에서 매일, 매달 복리로 누적되기 때문에 장기 분할 매수에서 엄청난 힘을 발휘합니다. '레버리지는 녹는다'는 말은 사실이지만, 장기 분할 매수에서는 오히려 그 '녹는 과정'이 평균 단가를 낮추는 역할을 하면서 최종적으로 폭발적인 수익으로 돌아옵니다.

베타 투자자는 기본적으로 고점 몰빵 같은 무모한 행동을 하지 않습니다. 하지만, 설령 최악의 시기에 잘못 들어갔다고 해도 매크로 등을 전부 떠나 단순히 정액 분할 매수만 하더라도 결과는 상상을 초월합니다. 이 차이는 레버리지가 위험한가 아닌가의 문제가 아닙니다. 어떻게 레버리지를 활용하느냐, 어떤 전략을 병행하느냐가 승부를 가르는 핵심입니다. 닷컴 버블에 TQQQ 같은 레버리지를 몰빵하는 것처럼 바보 같은 일은 없습니다. 베타 투자자는 이런 일을 피하겠지만 설령 그런 일을 당한대도 아무것도 생각하지 않고, 베타 투자법도 생각하지 않고, 무지성으로 분할 매수한다고 해도 엄청난 수익률을 얻을 수 있습니다. QQQ를 분할 매수했다면 48%의 수익이지만, TQQQ를 분할 매수했다면 11배에 가까운 수익을 갖는 겁니다.

- 고점 몰빵은 절대 피하라. (베타 투자자의 기본 철칙)
- 최악의 시기에도 분할 매수만 지키면 결과는 달라진다.
- 레버리지는 전략적으로 쓰면 압도적 무기다.

아레스 베타 투자법은 실전에서 증명합니다. 시장의 흐름을 이해하고, 공포 속에서도 꾸준히 매수하는 원칙을 지킨다면 최악의 투자 시점조차 최고의 기회로 바꿀 수 있습니다.

아레스 베타 투자법의 핵심 원리는 세 가지입니다. 첫째, 달러 흐름에 기반한 종목 선별. 둘째, 미국이 언제 돈을 푸는지 어디로 흘러가는지를 분석 및 통찰. 셋째, 금리와 인플레이션의 상관관계 활용. 저는 금리 사이클이 자산 시장에 미치는 파급력을 중심으로 분석합니다. 초기 사이클에 집중하는 선택적 집중으로, 유동성 확대 국면

에서 가장 먼저 떠오르는 종목군을 베타적으로 선점(나스닥, 비트코인,

테슬라, 반도체 등)하여 승률을 높입니다.

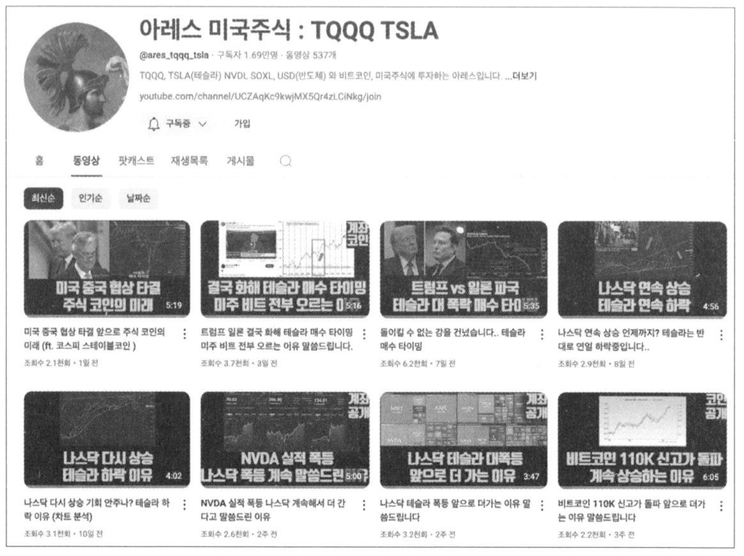

아레스만의 독창적인 투자 방법에 대한 수많은 영상을 업로드했다.

저는 사회 초년생이던 2017년부터 투자를 이어 오고 있습니다.

10년 가까이 투자하면서 아레스만의 투자 방법인 '아레스 베타 투

자법'을 개발했고, 큰 성과를 일구었습니다. 오른쪽은 2025년 9월

기준, 제 유튜브 채널의 실시간 상황입니다. 계속해서 상승을 말해

왔죠. 제가 유튜브를 시작할 때인 2022년만 하더라도 시장은 하락

장이었습니다. 아레스 베타 투자법의 전신인 첫 영상에 대해 짧게

이야기하자면 QQQ가 아니라 TQQQ를 투자해야 한다는 것이 요

점입니다.

나스닥 7일연속 하락, TQQQ 분할매수 타이밍
조회수 1.6천회 · 2년 전

내가 미국에만 투자하는 이유 tqqq tsla
조회수 4.1천회 · 2년 전

소름돋는 TQQQ 저점매수 타점
조회수 3.1천회 · 2년 전

내년까지 TQQQ 매수해야하는 이유
조회수 5.6천회 · 2년 전

8/31 시황 TQQQ 매수 타이밍
조회수 2.9천회 · 2년 전

부자는 하락장에서 탄생한다 tqqq tsla
조회수 1.5천회 · 2년 전

TQQQ 지금 사야할 때인가?
조회수 2.9천회 · 2년 전

나스닥 -3.94% 급락 TQQQ 다 팔아야하나?
조회수 1.4천회 · 2년 전

잭슨홀미팅 TQQQ 향방은?
조회수 1.1천회 · 2년 전

그래서 너는 언제 투자했고, 할건데? 터놓고 말해봤습니다
조회수 1.9천회 · 2년 전

QQQ 말고 무조건 TQQQ를 사야하는 진짜 이유
조회수 9.1천회 · 2년 전

내가 목숨걸고 TQQQ 테슬라 투자하는 이유
조회수 9만회 · 2년 전

TQQQ와 테슬라에 목숨 걸고
투자해야 하는 이유

TQQQ는 레버리지를 통해 더 많은 현금을 보유할 기회를 제공합니다. 하락장에서는 수량을 늘릴 기회를 주고요. 또한 테슬라는 제4차 산업혁명 시대에 몇 배 이상으로 성장할 기술을 가진 기업입니다. TQQQ에 집중해야 하는 이유죠.

TQQQ와 테슬라 투자 이유와 비중 및 방법

제4차 산업혁명에서 끝까지 살아남고 이후 더 성장할 기업은 기술 기업들입니다. 그중에서도 전기차 시대로의 전환으로 더욱 성장할 테슬라에 주목해야 합니다. 저 역시 TQQQ와 테슬라에 집중했습니다. 제 투자 포트폴리오는 자산을 안전하게 나스닥 100 기업으로 분산시키는 것을 기본으로 하지만 테슬라는 따로 비중을 더 실어 투자합니다. 기본적으로는 매크로를 추종하고, 워런 버핏처럼 가치와 가격을 믿습니다. 하지만 시드가 작을 때는 어린 시절의 버핏이 그랬듯이 과감하게 레버리지를 이용합니다. 버핏도 젊었을 때는 레버리지 파생 상품으로 큰돈을 벌었고, 시드가 커지니 가치 투자로 옮겨 갔습니다. 저는 여기에 기술적 분석도 사용해 주식을 사고팔기도 합니다.

레버리지를 활용한 TQQQ 투자 전략

10억 원으로 주식 투자를 시작하여 평균수익률이 10%라고 가정하면 10년 후 10억 원은 25억 원이 됩니다. 10년의 긴 시간에 비해 원금은 2.5배밖에 불어나지 않았습니다. 10%의 수익률은 굉장한 것인데도 생각보다 총 금액이 낮죠. 이것이 레버리지 활용의 이유입니다. 우리 인생에서 발생할 수 있는 불확실성 때문에 레버리지를 이용해야 합니다. TQQQ는 QQQ의 3배 레버리지로, QQQ 1억 원 투자 시 TQQQ는 3,333만 원으로 구성됩니다. TQQQ를 통해 6,667만 원의 추가 현금 보유가 가능하다는 뜻이죠. 만약 1억 원의 현금이 있다면 TQQQ로 투자하고 나머지를 현금으로 보유하세요. TQQQ에 대한 3배 레버리지는 추가 현금 보유 기회를 제공하므로 투자자에게 유리하니까요.

TQQQ의 투자 특성과 기회

　TQQQ는 하락할 때 더 큰 폭으로 떨어지고, 상승할 때는 양이 복리로 증가하는 특징이 있습니다. 예를 들어 나스닥이 2.4배 상승할 경우 TQQQ는 7.2배 상승해야 하며, 이를 통해 저점에서 수량을 늘릴 기회를 포착할 수 있습니다. 일반적으로 미국 주식에 투자하는 이들은 나스닥 QQQ 또는 S&P 500 ETF를 매수하여 30년 후에 자산이 늘어나는 경험을 합니다. 그런데 그 성공 사례를 보았나요? 단 한 명도 보지 못했을 가능성이 큽니다. 그만큼 1년 1년이 소중합니다.

TQQQ와 테슬라 투자 전략

　제 투자 목표는 2025년까지 '부자'가 되는 것이었습니다. 이를 위해 제가 사용해 온 다양한 방법을 이 책에서 공유합니다. 저는 정확하게 2024년에 금리 인상이 멈추고 주식 시장이 상승세로 돌아서리라 예측했습니다. 연준이 양적 완화를 다시 시작할 가능성이 있으니 착실히 준비하여 2024년에 황금기를 맞이해야 한다고 주장했습니다. 투자 종목은 TQQQ와 테슬라였고, 목표 금액은 10억 원이었습니다. 책 집필을 위해 제 유튜브 첫 영상을 분석하면서 그때 예측했던 내용이 전부 이루어져 있어서 크게 놀랐습니다.

제 유튜브 첫 영상은 2022년 8월 22일 업로드되었습니다. 무려 2년 뒤를 예측한 것이죠. 제 예상에 맞추어 투자했고요. 유튜브를 시작하기 전, 저는 텔레그램을 통해 지인 몇 명에게

제 뷰view를 알려 주는 글을 보냈습니다.

이때 QQQ는 정확히 334까지 반등했고, 9월에 이어 10월까지 폭락했었습니다. 저는 8월 5일 최고점 부근에서 QQQ 333에 베타를 줄이고 매도해야 한다고 했죠. 이 주장은 정확히 적중했습니다.

QQQ가 334를 터치하고 260 이하로 폭락한 상황.

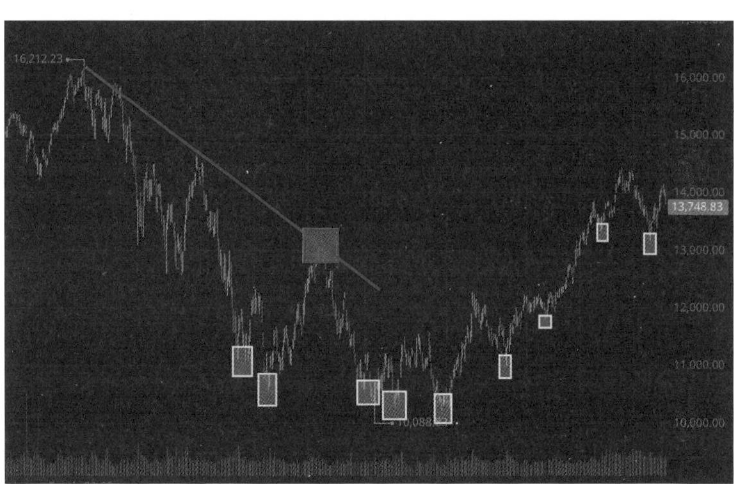

아레스가 전량 매도를 이야기한 지점이 QQQ 333인데, 334를 터치하고 폭락했다.

제가 유일하게 전량 매도를 주장했던 구간입니다. 이때가 처음이 자 마지막이었습니다. 그리고 다음 매수는 9월과 10월이라고 못을 박았습니다. 9월과 10월 저점도 맞추었고요. 해당 영상은 욕도 많이 먹었지만, 그때 저를 믿었던 분들은 엄청난 수익을 봤습니다.

해당 기간 저는 계속해서 매수했습니다. 저의 최종 TQQQ 매수 가는 16달러로, 최저점이었습니다. 이때는 계속 매수만 했네요. 이 후 계속 좋은 지점에서 매수한 결과, '화폐→자산'으로의 좋은 결과 가 있었습니다. 제가 투자를 잘할 수 있었던 이유는 제가 만든 베타 투자법에 기인해 철저히 기계적으로 투자하기 때문입니다. 세상에 는 수많은 매매법이 있습니다. 각각 어떤 특정 지표를 보고 매매한 다면, 아레스 베타 투자법은 (어떤 특정한 지표를 보고 매매하는 것이 아니 라) 오로지 나의 베타값을 중점으로 두고 거기에 시장 상황, 매매 강 도 지표 등으로 의사 결정에 도움을 받습니다.

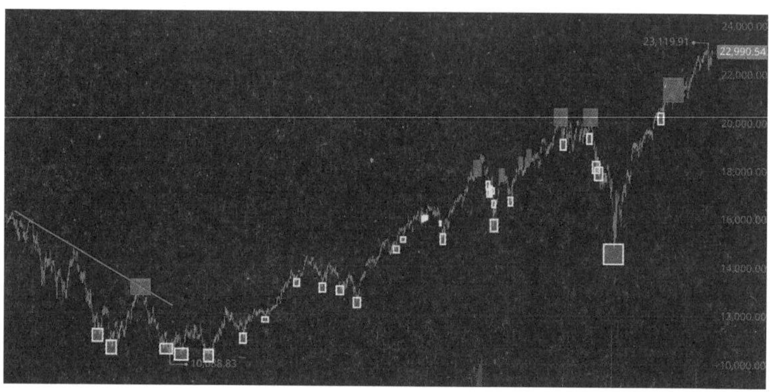

좋은 시기에 계속 매수해 온 결과물.

PART 3. 아레스 베타 투자법: 레버리지를 꼭 써야 하는 이유

내 '베타값' 정하는 방법:
시장과의 동조화

모든 투자자는 시장을 이기고 싶어 합니다. 하지만 시장은 이길 대상이 아니라 함께 움직여야 하는 흐름으로 바라봐야 합니다. 베타 투자법의 핵심은 시장의 본질을 인정하는 데서 출발합니다. 시장을 '큰 조류'로 보고, 거기 가장 먼저 올라타는 것이 동조화입니다. 흐름을 읽는 자만이 시장을 앞설 수 있습니다.

듀케인 패밀리 오피스 창업자 스탠리 드러켄밀러.

듀케인 패밀리 오피스의 창업자인 스탠리 드러켄밀러 Stanley Druckenmiller 는 이렇게 말했습니다. "실적이 시장을 움직이는 게 아니라 연준이 시장을 움직인다." "중앙은행과 유동성의 흐름에 집중하라." 저는 드러켄밀러를 그림자 의장이라고 표현하는데요. 실제로 연준의 뒷배에서 그들을 조종하는 듯한 모습을 보였습니다. 30년 연속 연평균 30%의 수익을 기록했다는 점이 그 증거입니다. 현재 그의 제자인 스콧 베센트가 미국 재무장관이고요.

시장의 심장: 금리·유동성·통화정책

금리는 돈의 가격입니다. 유동성은 그 돈이 얼마나 시중에 떠다니는지를 보여 주는 지표이고요. 이 두 가지가 시장의 리듬을 결정합니다. 금리가 인하될 때 시장은 좋아집니다. 자금 조달이 쉬워지고 기업의 실적이 개선되기 때문이죠. 유동성이 늘어날 때 자산 가격은 상승합니다. 돈은 머무르지 않습니다. 언제나 갈 곳을 찾고, 먼저 도착한 곳에서 가격이 먼저 오릅니다. 예를 들어 2020년 팬데믹 직후 연준은 제로금리와 함께 무제한 양적 완화를 선언했습니다. 이때 유동성은 순식간에 채권, 주식, 암호화폐 시장으로 흘러들었죠. 그 결과 테슬라, 엔비디아, 비트코인 등이 동반 폭등했습니다.

베타 투자자의 도구: 동조화 체크리스트

베타 투자는 시장과 함께 흐르는 전략입니다. '시장'이 어떤 방향으로 흐르고 있는지를 감지하는 게 가장 중요한 핵심 역량입니다.

이를 위해 베타 투자자들은 금리, 유동성, 정부 재정 흐름, 연준의 입장 변화를 나타내는 주요 지표들을 체계적으로 모니터링해야 하는데요. 시장과 동조화하려면 아래 세 가지 신호를 점검하세요. 그리고 시장과 동조화된다는 것은 그들의 리듬을 따라 움직이되, 한발 앞서 그 방향을 읽는 일임을 명심하세요.

구분	동조화 신호	행동 가이드라인
금리	연준 기준금리 동결 또는 인하 기조	기술주, 성장주, 비트코인 진입 시점
유동성	M2 증가율, TGA 잔고 감소, 국채 발행량	자산 시장 순환 흐름에 맞춰 리밸런싱
통화정책 방향	연준 FOMC 의사록, 점도표	'매파→비둘기파 전환' 주시

M2 증가율(통화량 변화)

M2는 간단히 말해 시중에 풀린 돈의 양입니다. 제가 유튜브에서 가장 강조하는 것, 유일한 정답이라고 이야기하는 것도 M2입니다. 광의통화의 증가는 화폐(피아트 머니)의 몰락을 의미합니다. 무엇이

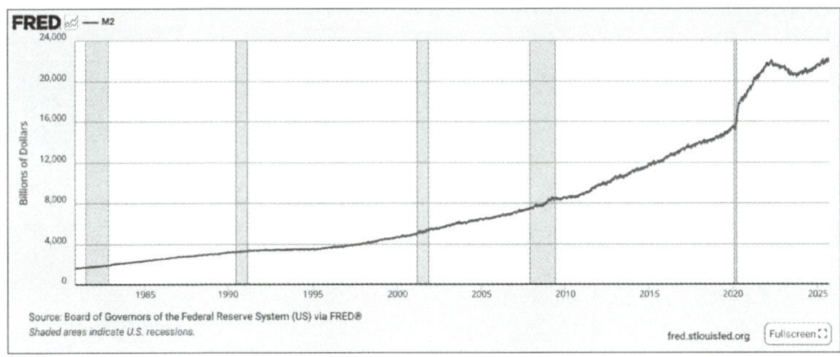

M2가 계속 우상향하고 있다.

든 많아지면 싸지고, 없어지면 비싸지기 때문이죠.

간략하게 정리하면 M2가 늘어난다는 것은 시중에 돈이 많아지고 있다는 뜻이고, 이는 자산 시장(주식, 부동산, 코인 등) 상승 신호로 봐야 합니다. 반대로 M2가 줄어든다는 것은 시중에 유동성 회수된다는 뜻이고, 위험 자산 하락 가능성을 내포합니다. 그럼 투자자는 어떤 포트폴리오를 구성해야 할까요? M2 증가율이 플러스로 전환될 때에는 베타가 높은 ETF나 주식의 비중을 늘리고, 감소를 보이면 채권 ETF, 현금, 금 등 방어 자산 비중을 늘리세요.

TGA 잔고 감소(재무부 일반 계좌)

TGA$_{Treasury General Account}$는 미국 정부의 '은행 계좌'를 의미합니다. 2024년 재닛 옐런이 재무장관일 때 막대하게 풀면서 다음 대선(해리스 vs 트럼프)을 준비했죠. 산타 랠리의 시작을 이끌었던 중요한 계기였습니다. 우리가 기억해야 할 것은 TGA가 줄어든다는 것은 정부가 돈을 시장에 풀고 있다는 신호라는 점입니다. 그럼 TGA가

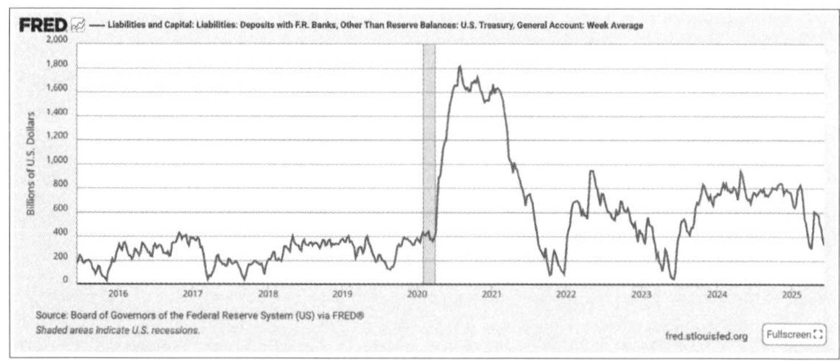

TGA 잔고의 변화를 보여 주는 그래프.

늘어난다는 것은 정부가 돈을 회수하고 있다는 뜻이죠. 자연히 유동성이 축소되고요.

베타 투자자는 어떤 자세를 취해야 할까요? TGA 잔고가 빠르게 줄고 있다면 단기적으로 유동성 공급을 늘립니다. 시장 상승 기대의 반대로 TGA가 급증하면 주식 시장의 유동성 압박 신호로 봐야 합니다. 2023년 부채 한도 협상 직후 TGA가 급증하자 시장에 조정이 있었죠. 반대로 2020년 중반에서 말까지 TGA가 감소했을 때는 주가가 폭등했습니다.

미국의 국채 발행량(단기 vs 장기)

국채 발행은 곧 시장에서 돈을 '흡수'하는 행위입니다. 미국은 국채를 마음대로 찍을 수 있으나 국채 입찰에서의 결과가 좋지 않으면 주식 시장이 폭락하기도 합니다. 무한으로 국채를 발행하면 국채 가격은 급락하고 국채 금리는 치솟습니다. 반대로 국채 입찰이 좋고 경쟁률이 높으면 국채 가격은 급등하고 금리는 낮아집니다. 단기 국채 발행이 늘면 단기 자금이 회수되고, 단기 금리가 상승하면 장기 국채 발행에 집중하는데, 그 결과 장기 금리에 부담을 주게 되어 주식 시장은 하방 압력을 받습니다.

국채 발행량이 많아질 때는 신중하게 ETF 비중을 조절하세요. 특히 장기 국채 발행량이 증가하면 기술주, 고베타 ETF(ARKK, SOXL)에 부담을 줍니다. 재무부의 주간 입찰 일정과 국채 발행 일정을 모니터링하기를 추천합니다.

FOMC 의사록과 발언

FOMC 의사록은 연준의 공식적인 의사 결정 배경과 향후 통화 정책 방향이 담긴 문서입니다. 따라서 이전 기록들과 비교해 어떻게 문구가 바뀌었는지 봐야 합니다. 또 어떤 단어들이 새롭게 등장하고 사라졌는지 안다면 연준이 시장을 어떻게 바라보고 있는지와 앞으로 어떻게 대처할지를 알 수 있습니다. FOMC 금리 결정 이후 기자 회견 내용 또한 중요합니다.

FOMC 회의 이후 공개되는 의사록과 연준 위원들의 스피치 내용을 통해 시장 분위기를 판단해 보세요. 'disinflation', 'pause', 'neutral' 등의 단어가 등장한다는 것은 비둘기파(완화적)가 우세하단 뜻입니다. 반대로 'persistently high inflation', 'tightening' 등의 단어가 등장한다는 것은 매파(긴축적) 우세를 뜻합니다. 특히, '모든 위원의 의견 불일치'가 보인다면 시장은 정책 전환 가능성을 먼저 반

May 07, 2025

Federal Reserve issues FOMC statement

For release at 2:00 p.m. EDT

Share

Although swings in net exports have affected the data, recent indicators suggest that economic activity has continued to expand at a solid pace. The unemployment rate has stabilized at a low level in recent months, and labor market conditions remain solid. Inflation remains somewhat elevated.

The Committee seeks to achieve maximum employment and inflation at the rate of 2 percent over the longer run. Uncertainty about the economic outlook has increased further. The Committee is attentive to the risks to both sides of its dual mandate and judges that the risks of higher unemployment and higher inflation have risen.

In support of its goals, the Committee decided to maintain the target range for the federal funds rate at 4-1/4 to 4-1/2 percent. In considering the extent and timing of additional adjustments to the target range for the federal funds rate, the Committee will carefully assess incoming data, the evolving outlook, and the balance of risks. The Committee will continue reducing its holdings of Treasury securities and agency debt and agency mortgage-backed securities. The Committee is strongly committed to supporting maximum employment and returning inflation to its 2 percent objective.

In assessing the appropriate stance of monetary policy, the Committee will continue to monitor the implications of incoming information for the economic outlook. The Committee would be prepared to adjust the stance of monetary policy as appropriate if risks emerge that could impede the attainment of the Committee's goals. The Committee's assessments will take into account a wide range of information, including readings on labor market conditions, inflation pressures and inflation expectations, and financial and international developments.

Voting for the monetary policy action were Jerome H. Powell, Chair; John C. Williams, Vice Chair; Michael S. Barr; Michelle W. Bowman; Susan M. Collins; Lisa D. Cook; Austan D. Goolsbee; Philip N. Jefferson; Neel Kashkari; Adriana D. Kugler; Alberto G. Musalem; and Christopher J. Waller. Neel Kashkari voted as an alternate member at this meeting.

For media inquiries, please email media@frb.gov or call 202-452-2955.

Implementation Note issued May 7, 2025

For release at 2:00 p.m. EDT May 7, 2025

~~Although swings in net exports have affected the data, recent~~Recent indicators suggest that economic activity has continued to expand at a solid pace. The unemployment rate has stabilized at a low level in recent months, and labor market conditions remain solid. Inflation remains somewhat elevated.

The Committee seeks to achieve maximum employment and inflation at the rate of 2 percent over the longer run. Uncertainty ~~about~~around the economic outlook has increased further. The Committee is attentive to the risks to both sides of its dual mandate and judges that the risks of higher unemployment and higher inflation have risen.

In support of its goals, the Committee decided to maintain the target range for the federal funds rate at 4-1/4 to 4-1/2 percent. In considering the extent and timing of additional adjustments to the target range for the federal funds rate, the Committee will carefully assess incoming data, the evolving outlook, and the balance of risks. The Committee will continue reducing its holdings of Treasury securities and agency debt and agency mortgage-backed securities. ~~Beginning in April, the Committee will slow the pace of decline of its securities holdings by reducing the monthly redemption cap on Treasury securities from $25 billion to $5 billion. The Committee will maintain the monthly redemption cap on agency debt and agency mortgage-backed securities at $35 billion.~~ The Committee is strongly committed to supporting maximum employment and returning inflation to its 2 percent objective.

In assessing the appropriate stance of monetary policy, the Committee will continue to monitor the implications of incoming information for the economic outlook. The Committee would be prepared to adjust the stance of monetary policy as appropriate if risks emerge that could impede the attainment of the Committee's goals. The Committee's assessments will take into account a wide range of information, including readings on labor market conditions, inflation pressures and inflation expectations, and financial and international developments.

Voting for the monetary policy action were Jerome H. Powell, Chair; John C. Williams, Vice Chair; Michael S. Barr; Michelle W. Bowman; Susan M. Collins; Lisa D. Cook; Austan D. Goolsbee; Philip N. Jefferson; Neel Kashkari; Adriana D. Kugler; Alberto G. Musalem; and ~~Jeffrey R. Schmid. Voting against this action was~~ Christopher J. Waller. Neel Kashkari voted as an alternate member at this meeting, ~~who supported no change for the federal funds target range but preferred to continue the current pace of decline in securities holdings.~~

FOMC 의사록 원본(왼쪽)과 수정 적용 후 버전(오른쪽).

영하려 한다는 신호입니다. 베타 전략 전환을 준비해야겠죠.

점도표

점도표_dot plot_는 연준 위원들이 생각하는 향후 금리 전망 지표로, 금리의 향방을 결정하는 사람들이 찍은 점을 뜻합니다. 점들이 어디로 향하는지를 본다면 연준 위원들이 생각하는 금리 방향을 알 수 있습니다. 여기 맞게 자산 시장도 반응하겠죠.

하향 안정 추세일 경우 베타 전략에서 성장주 ETF 비중을 확대하세요. 금리 고점 유지, 인상 전망 강화 시에는 베타 ETF 리스크 조절이 필요합니다. 점도표에서 연준이 금리를 내릴 것으로 예상된다면 시장은 선제 반응을 할 것이고, 그 결과 공격적 ETF 진입이 가능해지니 베타값도 증가할 가능성이 있습니다. 실제로 2023년 말

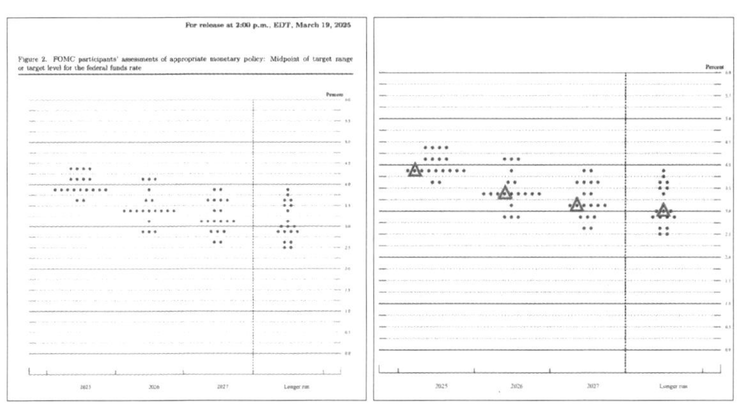

연준 위원들의 금리 전망을 나타내는 점도표. 미래 금리를 어떻게 유지하고 싶은지 위원들의 생각을 읽을 수 있다.

점도표를 보면 기준금리 인하를 시사했고 이후 주식 시장은 반등합니다.

달은 주기에 따라 달이 지구를 끌어당기는 힘이 변한다. 이에 따라 밀물과 썰물이 변하고, 계절을 읽을 수 있으며, 씨앗을 뿌리는 날짜를 정할 수 있다.

시장의 리듬을 깨는 사건들: 베타의 적

동조화 전략에도 예외가 있습니다. 갑자기 닥친 외부 충격은 시장의 리듬을 깨뜨리는 법이죠. 이런 사건을 시장 리듬 이탈 요인이라고 합니다. 러시아-우크라이나 전쟁과 같은 지정학적 리스크, 급격한 원자재 가격 상승, 2022년과 2023년도에 있었던 갑작스러운 금리 인상 같은 정책 전환 등입니다. 이런 시기에는 리스크 관리가 핵심입니다. 베타 투자법은 공격적 투자 전략이 아니라 동조화와 비동조화 국면을 구분할 줄 아는 전략적 투자법임을 잊지 마세요.

돈이 움직이는 길을 보면 미래가 보인다

모든 자산 시장의 근간은 돈입니다. 그런데 돈은 어디에서 나와 어디로 흘러가는 걸까요? 앞서 저는 돈의 흐름은 물의 순환과도 같다고 했습니다. 여러분이 이 질문에 답할 수 있다면 시장의 다음 움직임을 예측할 수 있을 겁니다. 베타 투자자에게 가장 중요한 무기는 '현금 흐름을 읽는 능력'이니까요.

여러분에게 예금 100만 원이 있다면 이 100만 원을 1억 원으로 불릴 수 있을까요? 그러기 위해서는 어떻게 해야 할까요? 여기서 지금까지의 고정관념을 깨야 하는데요. 은행은 돈을 '보관'하는 곳이 아닙니다. 은행은 돈을 '창조'하는 곳입니다. 많은 사람이 은행은 고객이 맡긴 예금을 보관하고, 그 돈을 다른 사람에게 빌려준다고 여깁니다. 현대 금융 시스템은 그렇게 작동하지 않습니다.

예를 들어 A라는 사람이 100만 원을 은행에 예금했다고 하겠습니다. 은행은 A의 예금 100만 원 중 90만 원을 B에게 대출해 줄 수 있습니다. B가 90만 원을 다른 은행에 예금하면 그 은행은 다시 약 81만 원을 C에게 대출해 줄 수 있습니다. 이러한 '예금→대출→예금→대출…'의 순환이 반복되면 A가 예금한 100만 원이라는 돈은 총합 1,000만 원, 또 1억 원까지 불어날 수 있습니다. 이를 신용 창출money multiplier 또는 화폐 승수라고 합니다.

이렇게 신용 창출을 통해 실제로 실물 세계에 돈이 늘어납니다. 이 자금은 부동산, 주식, ETF, 비트코인, 때로는 소비로 흐르겠죠. 이 모두가 자산 시장 전체와 한 나라(혹은 세계) 경제를 밀어 올리는 힘이 됩니다. 특히 한국은 전 자원을 수입에 의존하는 나라로 물가 민감도가 높습니다.

여기서 한 가지 의문이 들지 않나요? 은행이 자기 마음대로 대출을 시행해도 되는지요. 물론 그렇지 않습니다. 은행도 기준금리, 자기자본비율(BIS비율), 대손충당금, 유동성커버리지비율LCR 같은 규제를 준수하며 신용을 창출합니다. 대한민국의 경우 2023년 기준 16.7%의 자기자본비율을 유지 중입니다.

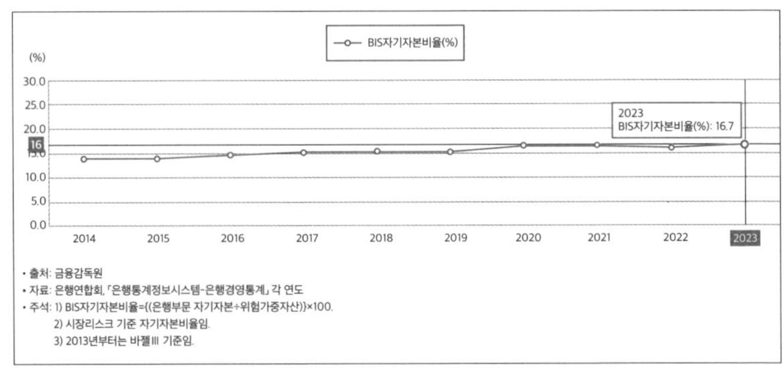

• 출처: 금융감독원
• 자료: 은행연합회, 「은행통계정보시스템-은행경영통계」 각 연도
• 주석: 1) BIS자기자본비율=((은행부문 자기자본÷위험가중자산))×100.
　　　　 2) 시장리스크 기준 자기자본비율임.
　　　　 3) 2013년부터는 바젤III 기준임.

우리가 기억할 것은 중앙은행이 기준금리를 낮추고 시중 유동성을 풀면 은행은 대출을 늘리고, 이로 인해 유동성은 배가되어 시장에 퍼진다는 점입니다. 아레스 베타 투자자에게 이 말은 연준이 기준금리를 낮춘다＝은행이 신용을 늘린다＝시장에 자금이 넘친다＝ETF 매수 타이밍이다＝베타를 늘려야 할 타이밍이다, 로 해석할 수 있습니다.

개념	설명	베타 투자 활용
신용 창출	은행이 예금을 바탕으로 수차례 대출을 하여 화폐를 '증식'하는 구조	금리 인하기→자금 확대기→위험 자산 진입 타이밍
기준금리	은행 간 자금 조달 비용, 신용 창출의 원천 비용	금리 인하→대출 활성화→자산 시장 유입 증가
대출 흐름	부동산·주식·ETF 등으로 유입	베타 증가 ETF 매수 고려

돈은 어떻게 흘러다니는가

현대 금융 시스템에서의 돈의 흐름은 다음과 같은 경로를 따라 움직입니다. 중앙은행→시중은행→기업·정부→소비자→자산 시장. 각 단계마다 정책과 심리가 작용하고, 돈은 수익을 추구하기 위해 끊임없이 가장 유리한 곳으로 흘러가죠.

단계	주요 행위자	영향 지표	투자자 인사이트
중앙은행	연준, ECB 등	금리, 대차대조표	긴축·완화 시기 파악
시중은행	JP모건, BOA 등	대출 증가율	신용 팽창 여부 판단
기업·정부	미국 국채 발행량	재정정책 방향	유동성 유입 파악
소비자	실업률, 소득	소비 여력	리테일 투자 흐름 감지
자산 시장	주식, 부동산, 채권	PER, PBR, 가격 지표	밸류에이션 vs 유동성

연준의 대차대조표를 보라: 돈의 발원지

연준의 대차대조표balance sheet는 돈이 어디서 얼마나 생성되었는지를 보여 주는 핵심 지표입니다. 자산 증가는 돈을 풀고 있다는 신호, 자산 감소는 돈을 거둬들이는 중이라는 뜻이고요. QEQuantative Easing는 양적 완화, QTQuantative Tightening는 양적 긴축입니다. 2020년 3월, 연준은 불과 몇 주 만에 4조 달러를 추가로 찍었습니다. 이 돈은 미국채 및 MBS 매입으로 시장에 풀렸고, 결과적으로 테슬라, 나스닥, 비트코인의 폭등을 불러왔죠. 그러나 연준이 무제한 양적 완화를 선언한 것은 이례적인 일입니다. 팬데믹 특수 상황이라 가능한 일이었죠.

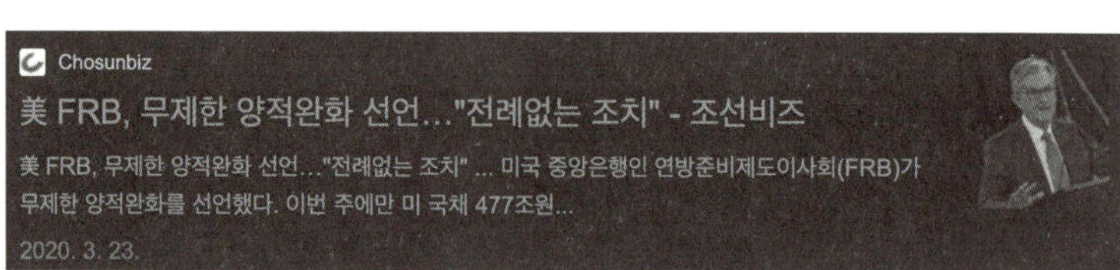

국채 발행량과 TGA 잔고: 정부의 손에서 풀리는 돈

미국 정부의 재정은 국채를 발행하여 조달됩니다. 국채가 많이 발행되면 시장에서 돈을 빨아들이고. 반대로 TGA(재무부 일반 계좌)에서 돈이 빠지면 이 돈은 시장에 유입됩니다. ① TGA 잔고 감소, ② 정부 지출 증가, ③ 시장으로 자금 유입의 순서입니다. 따라서 국채 발행이 증가했다는 건 자금 시장 경색 가능성을 시사합니다. TGA가 급감하고 있는데 금리는 동결 상태라면 자산 시장이 좋아질 가능성으로 이해해야 합니다.

유동성은 자산 시장으로

기업이 빚을 내어 자사주를 매입하고, 소비자가 여윳돈으로 ETF를 사고, 기관이 채권에서 주식으로 회전한다면 무슨 신호일까요? 이 모든 흐름의 결과는 하나입니다. 유동성은 수익률이 가장 높은 자산으로 몰리는 법입니다. 따라서 현금 흐름을 읽는 기술이란 '돈이 많아졌는가?'가 아니라 '돈이 지금 어디로 향하고 있는가?'를 이해하는 것입니다. 베타 투자자는 항상 세 가지를 봐야 합니다. 첫째로 연준의 움직임으로 기준금리, 자산 매입·축소를 봅니다. 둘째로 정부의 움직임으로 국채 발행, 세금 감면, TGA를 봅니다. 셋째로 민간의 움직임으로 소비자 신용, 예금 추이, 자산 투자 트렌드를 봅니다. 이 세 흐름이 한 방향으로 움직일 때 '동조화된 시장'이 나타납니다. 그 시기가 베타 투자자의 수익률이 극대화되는 시점이고요.

현금 흐름을 읽는 기술

스마트 머니의 발자국을 추적하라(구체적인 지표)

제가 왜 '현금 흐름'을 보라고 하는 걸까요? 시장과 동조화된 베타 투자를 뉴스나 기술 분석만으로 하기에는 한계가 있습니다. 가장 본질적인 투자 판단의 근거는 단 하나입니다. 돈이 어디로 흐르고 있는가. 따라서 개인이 아니라 기관, 정부, 글로벌 자금의 흐름을 추적해야 합니다. 이 현금 흐름을 따라 움직이는 것이 베타 투자자의 핵심 생존 전략입니다.

연준의 대차대조표

연준의 자산이 늘어난다는 건 시장에 돈을 푼다는 의미입니다. 이를 통해 현금이 시중으로 공급되므로, 주식 시장은 상승 기대를 갖고, 그 결과 연준의 자산이 다시 줄어듭니다. 반대로 양적 긴축은 시장에서 유동성을 회수한다는 것으로 자산 시장 조정 압력을 받게 됩니다. 연준 자산이 증가 추세면 ETF 비중을 확대하세요. QT(양적 긴축) 시작 시 우리 베타 투자자는 위험 관리 필요성을 인식하고 현금 비중을 높이며 방어적 포지션을 지켜야 합니다. 2020년 코로나 시기에 연준의 대차대조표가 급팽창하면서 나스닥와 테슬라가 폭등했습니다. 반대로 2022년 QT 본격화 때는 기술주 및 고베타 자산이 조정받았습니다.

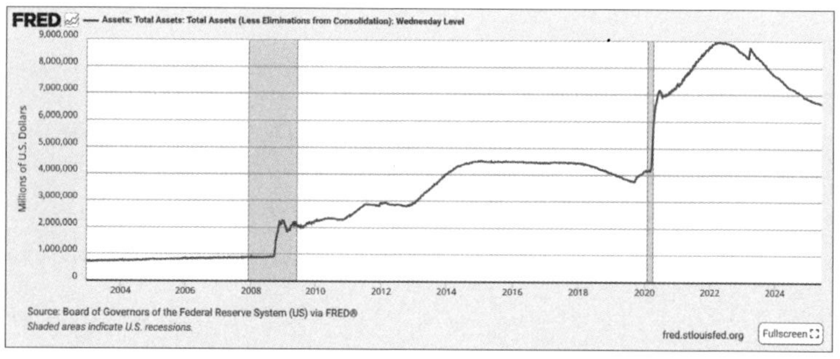

연준의 보유 자산. 대차대조표라고도 한다.

역레포 사용량

역레포reverse repo는 민간 금융기관이 연준에 자금을 단기 예치하는 것입니다. 역레포 사용량이 많다는 것은 시중에 쓸 돈이 없다는 뜻으로 위험 회피적 흐름을 보여 줍니다. 그러니 역레포 잔고가 줄고 있다면 시장에 돈이 돌아오기 시작했다는 신호로 받아들이고 공격적 포지션을 준비하세요. 2023년 중반 이후 역레포가 급감했고 이후 주식 시장은 반등을 시작했죠.

역레포 잔고 그래프.

MMF 자금 흐름

MMF(머니마켓펀드)는 단기 금리 상품에 투자하는 안전 자산입니다. MMF로 자금이 몰린다는 것은 사람들이 리스크를 피하고자 현금을 대기하고 있다는 뜻이죠. MMF 자금이 감소되면 시장에 돈의 본격 유입이 시작되는 신호이고, MMF 자금이 증가했다면 베타 리스크 관리가 필요하다는 뜻입니다. MMF에서 이탈한 돈이 주식 시장으로 이동하는 흐름이 포착된다면 ETF 진입 시점을 찾아야 합니다.

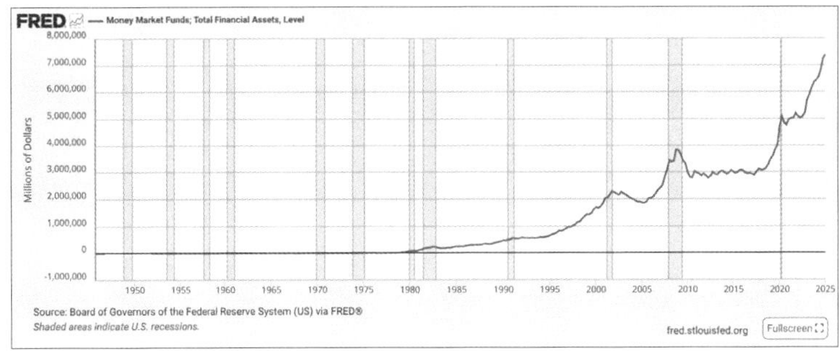

머니마켓 펀드 잔고. 약 3~4%의 무위험 이자를 주는 펀드로, 계속해서 자산이 증가하고 있다. 그만큼 노는 돈, 유동성 넘침이 크다는 뜻이다.

국채 수익률과 금리 곡선

10년물 국채 금리(장기물)와 2년물 국채 금리(단기물)의 차가 역전되고 얼마 지나지 않아 공황(음영)이 찾아왔고, 자산 시장은 대폭락했습니다. 최근의 예로는 2020년 코로나 시기의 폭락이있죠. 금리 상승은 유동성 축소를 의미합니다. 단기 금리가 장기 금리보다 높다면 경기 침체가 우려되고 자산 시장에도 부담으로 작용하죠. 장기와 단기의 금리 차가 확대되고 나면 반전이 찾아옵니다. 자산 시장에는 긍정적 시그널이죠. 금리 하락 구간에서 성장주, 기술주 ETF 같은 위험 자산 진입하세요. 그리고 금리 역전 구간에서는 ETF 비중을 보수적으로 운영하는 게 바람직합니다.

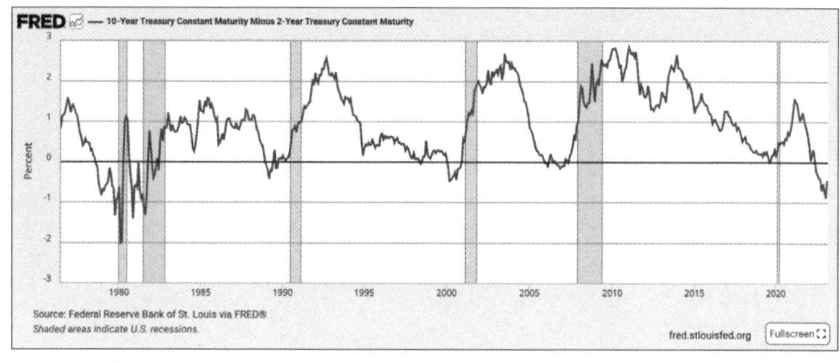

10년물 국채 금리와 2년물 금리의 차이를 보여 주는 그래프. 해당 금리 차가 역전(음수)되면, 침체가 발생했다는 뜻이다.

ETF 자금 유입 및 이탈

어떤 ETF에 자금이 들어오는가는 시장의 '집단적 의도'를 보여 주는 신호입니다. SPY, QQQ, IWM, VTI 등 메이저 ETF에 자금이 유입된다면 시장이 상승을 준비 중이라는 신호입니다. 반대로 자금이 이탈한다면 방어적 포지션 전환을 고려 중이라는 거죠. ETF별 자금 흐름은 etf.com, ycharts 등의 플랫폼을 통해 실시간으로 추적이 가능합니다.

현금 흐름과 동조화 체크

지표	자금 흐름 상태	투자 판단
연준 자산 증가	유동성 공급	공격적 베타 포지션
역레포 감소	유동성 회복	ETF 비중 확대
MMF 감소	시장 유입 기대	성장 ETF 중심 재편
금리 하락	자산 부담 완화	기술주, 성장주 ETF 진입
ETF 자금 유입	리스크 선호 증가	동조화 전략 가속

저는 스마트 머니를 따라가라고 말하고 싶습니다. 베타 투자는 인덱스를 추종하는 것이 아니라 '어느 시점에, 어느 방향으로 시장에 동참할 것인가'를 판단하는 정교한 전략입니다. 판단의 핵심은 언제나 현금 흐름입니다. 이 흐름을 읽을 줄 아는 순간, 시장과 함께 오르고 하락장에서 회피할 수 있는 생존 능력을 깨우치게 됩니다.

시장 상황과 비즈니스 사이클

왜 시장은 오르내리는 걸까요? 시장은 뉴스나 감정으로 움직이지 않습니다. 사이클로 움직입니다. 그리고 사이클은 일정한 흐름과 패턴을 가지죠.

피델리티 비즈니스 사이클

세계 최대의 자산운용사 중 하나인 피델리티Fidelity Investments 는 시장을 네 단계로 나누는 비즈니스 사이클 모델을 제시했습니다. ① 초기 회복기Early Expansion, ② 중반 확장기Mid Expansion, ③ 후반 확장기 Late Expansion, ④ 수축·침체기Recession 입니다. 각 사이클은 금리, 기업 실적, 재고 순환, 소비자 신뢰지수, 실업률, 신용 흐름 등 거시 지표의 조합으로 판단됩니다.

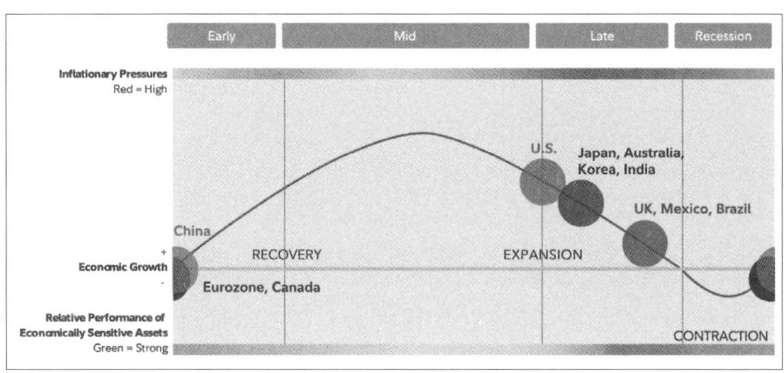

사이클	특징	자산 시장 흐름	베타 투자 전략
초기 회복기	저금리, 저물가, 실적 반등 시작	소형주, 고위험 자산 강세	ETF 저가 매집 시작
중반 확장기	실적 증가, 소비 확대, 자산 상승 지속	기술주, 산업재 강세	시장 동조화 ETF 운용
후반 확장기	금리 인상, 인플레 가속, 긴축정책 시작	방어주 강세, 채권 시장 혼조	ETF 리밸런싱, 디펜시브 포지션 준비
수축·침체기	소비 둔화, 기업 실적 악화, 실업률 상승	경기 민감주 하락, 현금 선호	현금 확보, 고배당 ETF 중심

2025년 기준, 미국은 후반 확장기에 진입한 상태입니다. 수축·침체기를 앞두고 있고, 중국과 유로존은 극심한 수축·침체기를 지나 다시 초기 회복기에 진입하고 있습니다. 엄청난 내수 침체와 부동산 폭락으로 중국은 막대한 내수 부양책을 쓸 수밖에 없었습니다. 이 기조는 계속해서 이어지고 있죠.

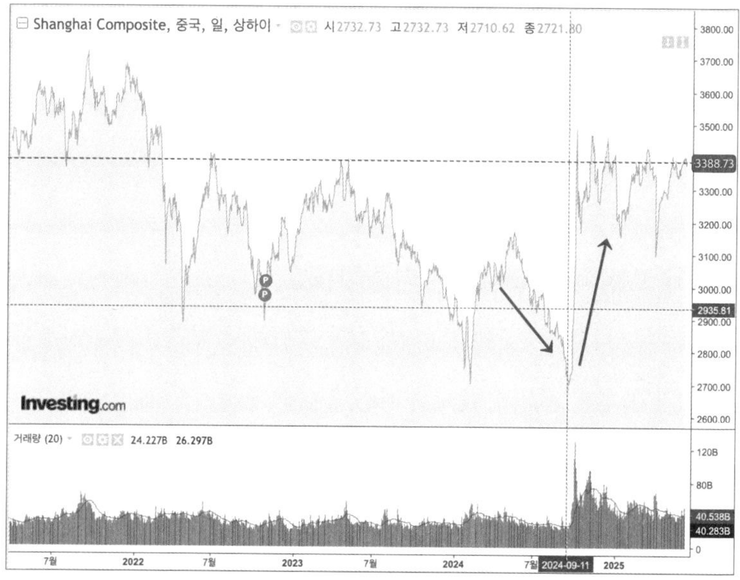

폭락했던 상하이 증시는 부양책 이후 엄청나게 폭등했다.

앙드레 코스톨라니의 달걀 모형 이론에서도 똑같이 적용됩니다.

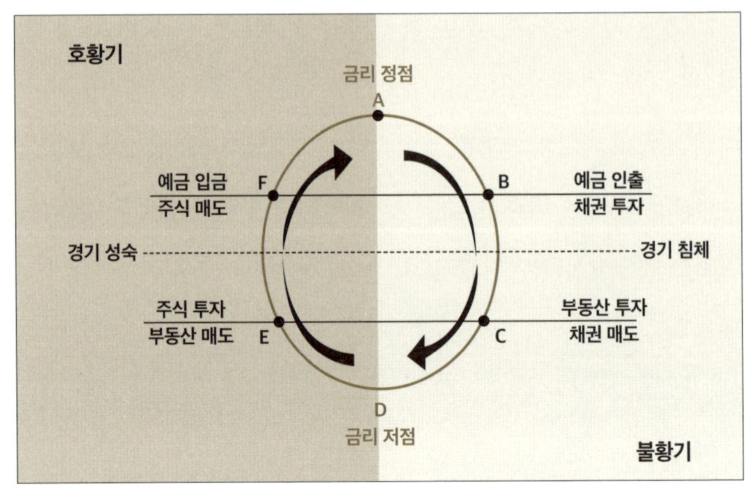

베타 투자자의 비즈니스 사이클 활용법

베타 투자자는 이 사이클을 어떻게 활용해야 할까요? 베타 투자는 시장과 함께 움직이는 전략이라고 했습니다. 즉, 시장이 확장될 때 공격적으로 따라붙고(베타를 늘리고), 침체 시 방어적 자산으로 이동하는 것(베타를 낮추는)이 기본 전략입니다. 사이클을 무시한 베타 투자는 조류를 무시하고 노를 젓는 행위와 같습니다.

비즈니스 사이클을 파악하기 위한 체크포인트는 ① 금리 방향성 – 인상기·인하기, ② 실업률 추세 – 고용이 강한가?, ③ PMI(구매관리자지수) – 제조업·서비스 경기의 선행지표, ④ TGA 잔고·M2·국채 발행량 – 유동성 흐름 추적, ⑤ 연준의 FOMC 발언·점도표 – 정책 스탠스 변화 예측, ⑥ EPS 추정치 방향성 – 기업 실적이 증가하고 있는가 등이 있습니다.

정리해 보겠습니다. 사이클의 시작(초기 회복)은 주식, ETF 진입 구간입니다. 사이클의 정점(후반 확장)은 리스크 줄이고, 베타를 조절하는(낮추는) 시기입니다. 사이클의 바닥(침체)은 기회를 준비할 타이밍으로 베타의 극대화 지점입니다. 저는 코로나 시기의 무제한 양적완화 이후 베타를 3까지 늘린 적이 있습니다. 현금 흐름, 금리 흐름, 비즈니스 사이클의 세 박자를 맞추는 투자 전략을 사용하세요.

제가 생각하는 투자의 골든타임은 경기는 좋아지고, 물가는 내려갈 때입니다. 제가 유튜브 채널에서 자주 하는 말이 있는데요. 바로 '경기 업up, 물가 다운down'입니다. 단순하지만 최적의 투자 타이밍을 말해 줍니다. 주식 사이클에서 경기는 올라가고, 물가는 내려간다면 금리 또한 자연스럽게 내려가고, 자산이 상승하는 시기가 오기 때문이죠. 항상 기억하세요.

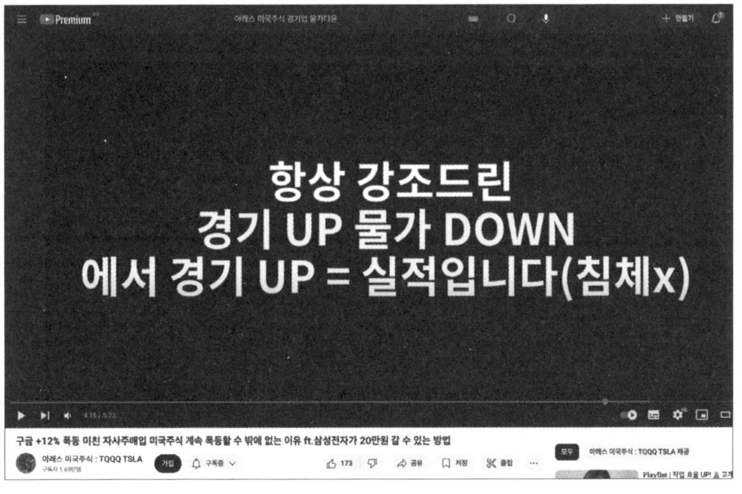

아레스가 강조하는 경기 업, 물가 다운

경기 상승up은 무엇을 의미할까요? 소비가 늘고, 기업의 실적이 회복되며, 고용이 증가하고, 각종 지표가 호전된다는 뜻입니다. 투자자 입장에서 리스크를 감수할 유인이 생긴다는 신호인데, 리스크 테이킹은 고베타를 의미합니다. 반면에 물가 하락down이 의미하는 바는 중앙은행이 금리를 올릴 필요가 줄고, 자산 시장에서 금리 부담이 적어진다는 뜻입니다. 즉, 돈의 가격(금리)이 낮게 유지될 가능성이 커지니 성장주, 기술주, 자산 가격에 우호적인 환경이 만들어집니다.

경기는 좋고 물가는 낮아지는 구간이 베타 투자자에겐 최고의 구간입니다. 투자자가 가장 과감해도 되는 시기죠. 이 시기에는 성장형 ETF(QQQ, SOXX 등), 소비재 ETF(XLY 등), 중소형주 ETF(IWM 등), 하이일드 채권 ETF(HYG 등) 자산군이 좋습니다. 반대로 경기 하락과 물가 상승이 온다면 중앙은행은 금리를 더 높여야 하고 시장은 긴축에 들어가고 자산 가격은 하락 압력을 받습니다. 당연히 현금 비중을 늘리고, 방어적 자산으로 리밸런싱하면서 미리 베타를 줄여놓아야 합니다.

가장 중요한 핵심 지표 M2

우리는 자본주의 체제에서 피아트 머니(법정 화폐)를 기반으로 한 경제 구조 속에 살아가고 있습니다. 여기서 가장 중요한 개념 중 하나가 M2(광의통화)입니다. 그리고 현재까지도 M2는 우상향하고 있

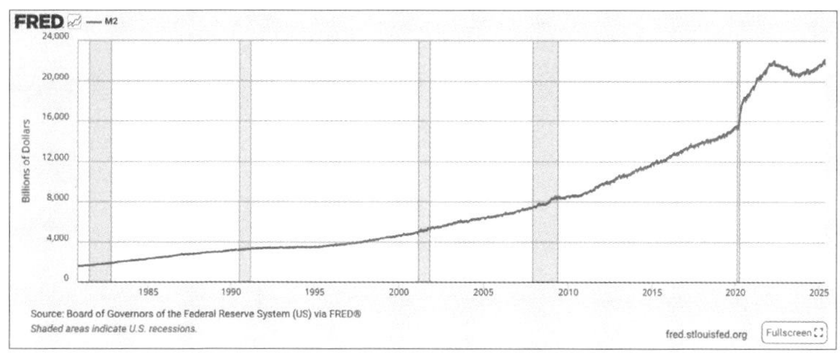

M2(광의통화)에 지금까지 돈이 얼마나 풀렸는지를 보여 주는 그래프. 하나의 지표를 봐야 한다면 이 지표를 보면 된다.

습니다. 경제 세계에 풀려 있는 현금, 요구불 예금, 정기예금, 유동성 높은 금융상품 등을 포함한 돈의 총합인 M2는 왜 계속 증가할까요?

자본주의는 성장을 전제로 설계된 시스템입니다. 경제가 성장하려면 돈이 늘어나야 하는 숙명입니다. 돈이 늘어나지 않으면 소비도, 투자도, 기업 활동도 정체되기 때문이죠. 문제는 화폐는 인위적으로 중앙은행(FED 등)이 공급한다는 점인데요. 즉, 정부는 지출을 위해 빚(국채)을 발행하고, 중앙은행은 유동성을 공급하며 시중은행

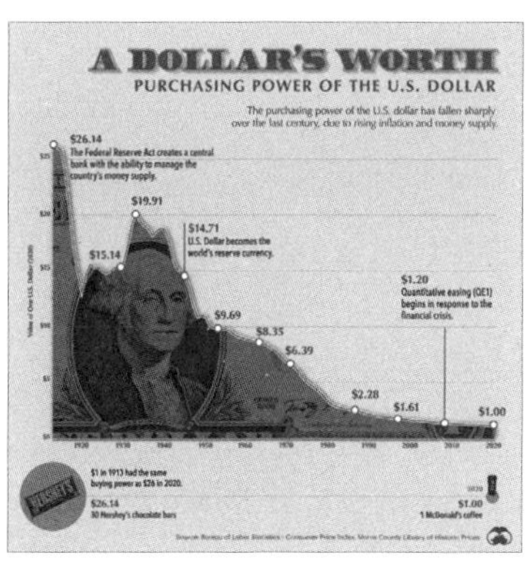

은 신용 창출(대출)을 통해 M2를 폭발적으로 늘립니다. 그래서 자본주의 경제에서는 M2가 증가하지 않을 수 없습니다.

그런데 M2가 증가한다는 것은 화폐 가치 하락한다는 것이고, 이는 자산 가격 상승을 의미

합니다. 역사적으로 화폐 가치는 지속적으로 하락했는데 현재 1900년대 대비 98% 하락했습니다. 이 흐름 역시 자본주의 화폐 시스템의 숙명이죠.

베타 투자자라면 이 구조를 이해하고 행동해야 합니다. "M2는 필연적으로 늘어난다", "화폐 가치는 장기적으로 하락한다", "자산 가격은 구조적으로 우상향한다", "그렇다면 자산을 보유하고 있어야 한다" 등처럼 단기적인 금리나 이슈로 시장이 흔들릴 수 있지만 장기적 흐름은 단 하나, '자산 우상향'입니다.

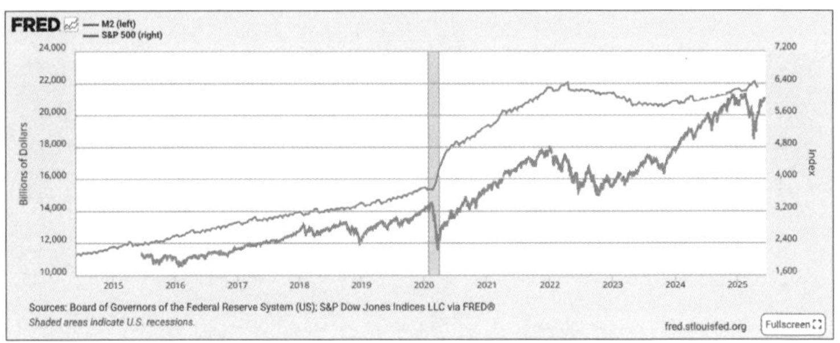

M2(금색)와 S&P 500(회색) 비교 그래프.

M2(금색)가 증가하면 주식 시장 또한 자연스럽게 우상향합니다. 2020년 코로나 때 급격한 M2 증가에서 베타 투자자는 베타를 급격히 늘려야 했습니다. 투자자는 이 구조를 알아야 합니다. 자본주의 룰의 핵심으로 그 키는 연준이 쥐고 있습니다. 1970년대 이후, 미국의 M2는 단 한 번도 줄어든 적 없습니다. 특히, 코로나 이후 미국은 단기간에 M2를 역사상 유례없이 급격하게 늘렸습니다.

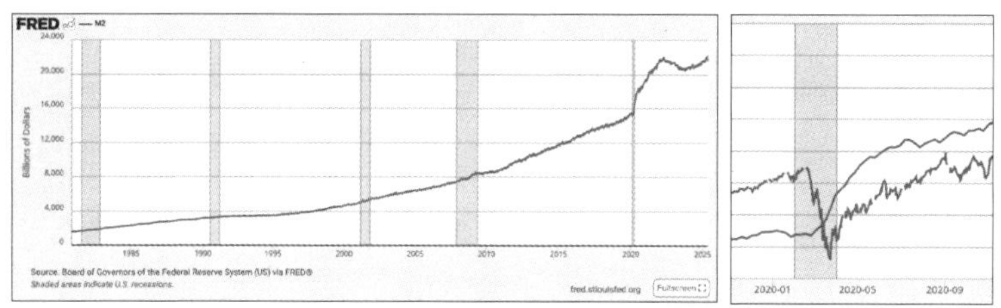

M2는 코로나 때 급격히 상승했지만 이제는 예전처럼 완만하다.

그 결과, 자산 시장에 엄청난 유동성이 유입되었죠. 주식, 부동산, 비트코인 등 거의 모든 자산을 폭등시켰고요. 이렇듯 자산을 보유하지 않으면 인플레이션의 피해자가 됩니다. 베타 투자자가 반드시 시장과 동조화된 ETF와 자산에 투자해야 하는 이유입니다.

PART 4.

ETF 전략 실전 가이드

미국 3대 지수의
구조와 특성

미국 주식 시장이 세계 금융 시장의 중심이니 시장을 이해하려면 미국 주식 시장을 보면 됩니다. 대표 지수는 S&P 500, 나스닥 종합 지수, 다우존스 산업평균지수입니다. 이 셋은 각기 다른 방식으로 시장을 대표하는데, 모두 ETF 투자와 베타 전략의 기준 축입니다.

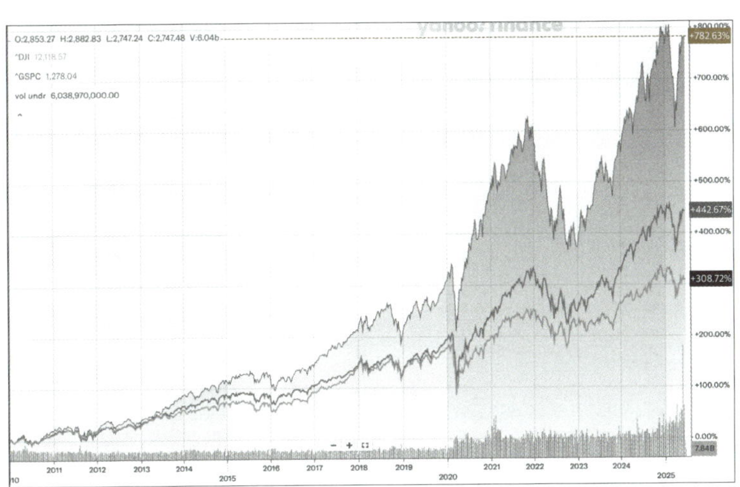

각각 S&P 500(금색), 나스닥(회색), 다우존스(검은색) 지수를 나타낸다.

2010년부터 제 계좌의 수익률을 비교한 앞 페이지 차트에서 나스닥은 +782%, S&P 500은 +442%, 다우존스는 +308%입니다.

S&P 500: 미국 경제의 가장 균형 잡힌 거울

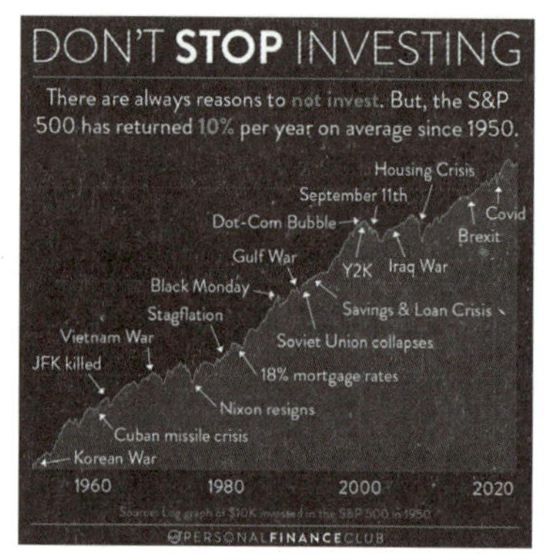

S&P 500은 미국 상장 기업 중 시가총액 기준 상위 500개 기업만 포함하는 대표적인 시가총액 가중 지수입니다. 그 유명한 돈트 스탑 인베스팅Don't Stop Investing 차트에 등장합니다. S&P 500은 전쟁이나 커다란 사건이 있어도 항상 우상향했습니다. 그런데 이걸 보니 어떤 차트가 생각나지 않나요? 바로 M2 차트입니다.

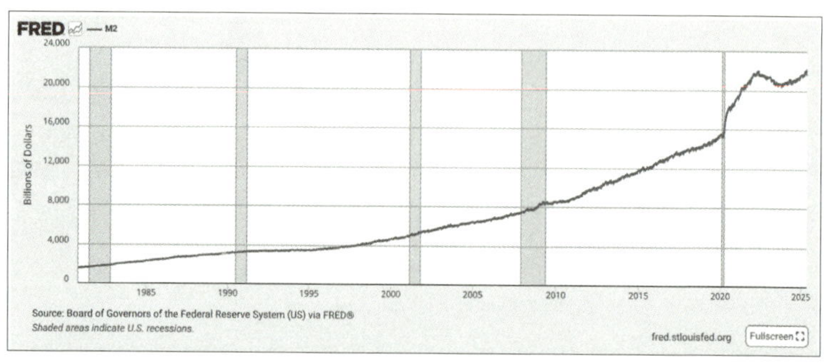

자본주의는 이 차트 하나로 설명 가능하다. 기울기의 부침만 있을 뿐, 계속해서 우상향하는 건 자본주의가 없어질 때까지 변치 않을 것이다. 즉, 한번 돈을 풀면 계속 풀게 된다.

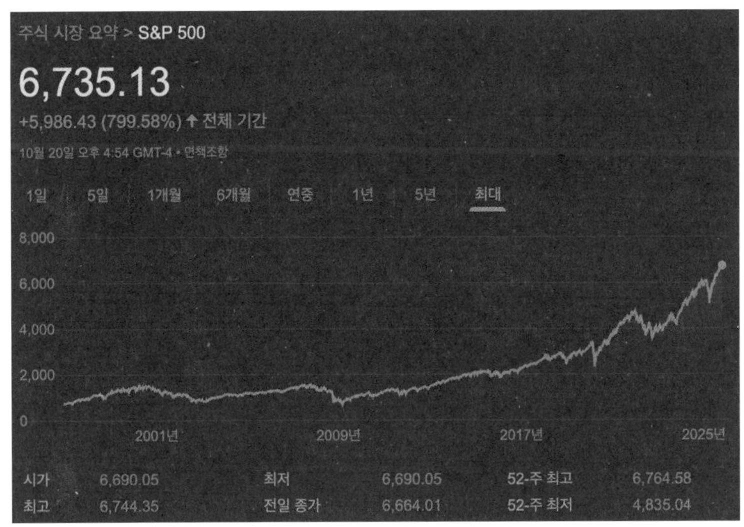

안정적으로 우상향하는 S&P 500.

S&P 500의 특징은 기술, 금융, 헬스케어 등 넓은 산업 포트폴리오를 보유하고 있다는 점입니다. 시가총액 가중 방식을 사용함으로써 기업의 크기가 반영되어 현실적인 시장 흐름을 보여 줍니다. 기관 투자자들이 가장 추종하는 지수이죠. 워런 버핏이 자신이 죽으면 현금 10%는 단기 국채를 매입하고, 나머지 90%는 S&P 500 인덱스 펀드에 투자하라고 했다는 이야기가 있을 만큼 안정적으로 우상향합니다.

S&P 500의 대표 ETF로 $SPY_{State Street}, $VOO_{Vanguard}, $IVV_{iShares}가 있습니다. 베타 투자에서는 어떻게 활용해야 할까요? 시장 평균의 '정확한 온도'를 측정하기 위한 기준점으로 보세요. S&P 500의 베타는 1.0이니 시장 그 자체라고 봐도 무방합니다.

나스닥 종합지수: 기술주 중심의 고성장 지수

나스닥 종합지수는 나스닥 시장에 상장된 전 종목(3,000여 종)을 포함하는 지수입니다. 기술주 중심으로 구성되어 있어 성장성과 변동성이 크다는 것이 특징입니다. 애플, 마이크로소프트, 엔비디아, 테슬라 등 테크 자이언트들이 중심인데요. 상대적으로 PER이 높고, 고밸류 종목의 비중이 큽니다. 그래서 경기 확장기에는 S&P 500보다 높은 수익률을 기대할 수 있습니다. 대표 ETF로는 $QQQ(나스닥 100 기반), $QQQM(QQQ의 저비용 버전), $TQQQ(3배 레버리지)가 있습니다. 베타 투자에서는 시장 상승기에 고베타 전략을 구현하기 위한 핵심 지표로 작용합니다.

다우존스 산업평균지수:
전통 산업과 시장 심리의 상징

다우존스 산업평균지수는 미국을 대표하는 30개 대형 기업으로 구성된 가격 가중 지수입니다. 기업 수는 30개뿐이지만 역사가 깊고 상징성이 크죠. 이 지수는 가격 가중이라는 독특한 방식을 사용하는 관계로 주가가 높은 종목의 영향이 큽니다. 코카콜라, 골드만삭스, 보잉 같은 금융, 산업, 소비재, 헬스케어 중심의 전통 강자들이 포함되어 있는데요. 대표 ETF로 $DIA가 있습니다. 베타 투자에서는 보수적 분산 투자나 시장 전체 심리 확인용 지수로 활용됩니다.

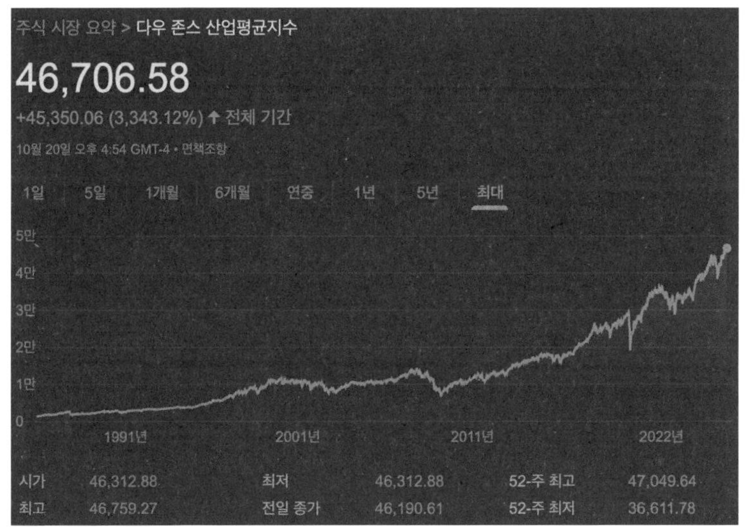

얼마나 상승할까

세 지수의 최근 10년간 평균 연수익률 비교해 보겠습니다.

① S&P 500

- 최근 10년 연평균수익률: 약 11.3%(2014~2024년, 배당 재투자 포함)

- 실질 기대수익률(인플레이션 조정): 약 8.0%

② 나스닥 종합지수

- 최근 10년 연평균수익률: 약 18.13%

③ 다우존스 산업평균지수(산업+전통 대형주)

- 최근 10년 연평균수익률: 약 9.95~9.93%

베타 투자자는 각각의 특징을 잘 이해하고, 알맞은 전략을 취해야 합니다. 나스닥 종합지수는 높은 베타를 활용한 고수익 전략의 중심이고, S&P 500은 안정적인 장기 성장의 기준점이고, 다우존스는 변동성이 낮은 보수적 포트폴리오 구성에 적합합니다.

얼마나 하락할까

이번에는 최대 하락폭을 알아보겠습니다.

① S&P 500

- 5년 최대 낙폭(MDD): 약 −21.4%

- 역대 최대 낙폭: 코로나 시기 −33.8%, 글로벌 금융위기 등에서는 약 −57~60%

- 연평균 변동성: 연환산 약 14~20%(월별 표준편차 기준, 글로벌 금융위기 포함)

② 나스닥 종합지수

- 5년 최대 낙폭: 약 −36.4%

- 역대 최대 낙폭: 2000~2002년 닷컴 버블 붕괴 시 −82.9%

- 변동성: 월별 표준편차 약 20.5%, 샤프지수 0.60

③ 다우존스 산업평균지수

- 5년 최대 낙폭: 약 −21.9%

- 역대 최대 낙폭: 2009년 금융위기 중 −53.8%

- 변동성: 월별 표준편차 약 14.1%, 샤프지수 0.57

나스닥의 높은 베타는 시장 상승 시 수익을 극대화하지만, 하락 시 리스크도 증폭시킵니다. S&P 500은 중간 정도의 리스크와 안정적인 동조화를 제공하기 때문에 기준점으로 활용하기 좋습니다. 다우존스는 방어적 베타로 경기 침체 우려 시 안정적인 대체 수단이 될 수 있습니다. 베타 투자자가 이 정보를 알고 있어야 하는 건 베타 투자가 시장과 함께 움직이는 전략이기 때문입니다. 시장이 무엇인지 정확히 알아야 동조화할 수 있으니까요. 이 세 지수는 미국 자본주의의 구조, 투자 심리, 산업 변화를 압축한 데이터입니다.

이름	주요 성격	구성 종목 수	주도 섹터	대표 ETF	활용 전략
S&P 500	시가총액 기반, 균형적	약 500개	산업 전반	SPY, VOO	시장 평균, 기본 베타 기준
나스닥	기술주 중심, 성장형	3,000개 이상	테크, 소비재	QQQ, QQQM	상승기 고베타 전략 실행
다우존스	대형 산업주 중심, 상징성 강함	30개	금융, 소비재	DIA	보수적 투자, 심리 반영 지표

베타 투자와 ETF 활용법: 시장과 함께 흐르는 법, 자산을 타고 성장하는 법

자본주의 시스템에서 화폐는 필연적으로 가치 하락을 겪고 자산은 구조적으로 상승한다는 것을 이해하는 순간, 투자자는 질문을 바꾸게 됩니다. "어떤 종목을 사야 할까?", "무슨 종목에 올라타야 시장과 함께 성장할 수 있을까?" 이 질문을 던졌다면 여러분도 베타 투자를 시작할 수 있습니다.

실전 예시: 아레스의 베타

베타 투자는 시장 전체의 움직임, 즉 '시장수익률'에 따라 수익을 추구하는 전략입니다. 이때 베타$_\beta$는 특정 자산이 시장 전체와 얼마나 동조화되어 움직이는지를 나타내는 지표가 되어 줍니다. 예를 들어 S&P 500 ETF(SPY)의 베타는 1입니다. 만약 베타가 1.2라면 시장이 10% 오를 때 평균 12% 상승합니다. 베타가 0.7이라면 시장이 10% 오를 때 평균 7% 상승합니다. 베타가 −1.0이라면요? 시장과 반대 방향으로 10% 움직인다는 뜻입니다.

A 투자자의 전체 자산이 현금 1억 원이라고 가정해 보겠습니다. 아래는 그의 포트폴리오 구성입니다.

자산 구성	투자금	ETF 추정 베타	비중 반영 베타
SPY (S&P 500)	5,000만 원	1.0	0.5(0.5억 원x1.0)
QQQ (나스닥 100)	2,000만 원	1.3	0.26(0.2억 원x1.3)
현금	3,000만 원	0	0
합계	1억 원	-	0.76

A 투자자의 자산 1억 원이 현금에 30%, SPY(S&P 500)에 50%, QQQ(나스닥 100)에 20%가 있다면 A 투자자의 베타는 0.76이 됩니다. 즉, 시장(S&P 500)이 10% 오르면 A 투자자의 자산은 평균 7.6% 오릅니다.

베타 조정은 곧 시장과의 동조화입니다. 늘 비율 조정이 필요합니다. 현금 비중을 줄이고 SPY나 QQQ 비중을 늘리면 베타는 1에 가까워지고, 반대로 리스크를 줄이고 싶다면 현금을 늘리거나 채권 ETF(TLT 등)를 편입해 베타를 낮출 수 있습니다. 정리하면 베타는 숫자로 표현되는 시장 동조화 정도이고, 투자자는 ETF를 통해 베타를 조절할 수 있습니다.

아레스 베타 계산기

2025년 6월 기준, 제가 보유한 주식은 QQQ 91주, TQQQ 1,302주, SOXL 50주, TSLA 115주, USD 15주, NVDL 25주입니다. (보다 정확한 내용은 아레스 유튜브 멤버십에서 확인 가능합니다.) 저는 자산 배분과 시장 동조화를 고려해 다양한 ETF와 종목에 분산 투자하고 있습니다.

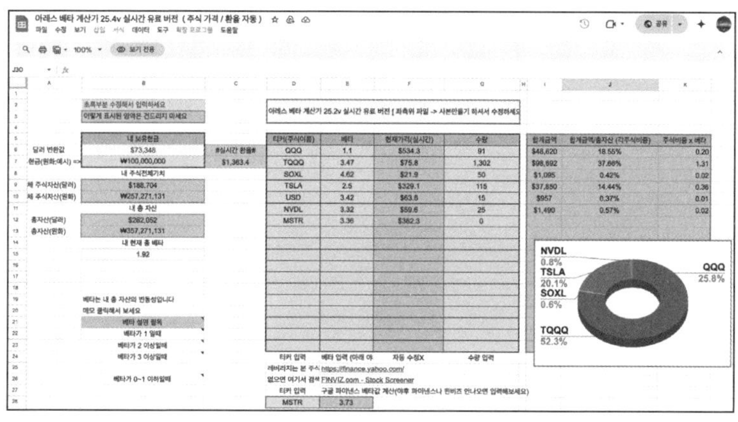

티커(주식이름)	베타	현재가격(실시간)	수량	합계금액	합계금액/총자산 (각주식비중)	주식비중 x 베타
QQQ	1.1	$534.3	91	$48,620	18.55%	0.20
TQQQ	3.47	$75.8	1,302	$98,692	37.66%	1.31
SOXL	4.62	$21.9	50	$1,095	0.42%	0.02
TSLA	2.5	$329.1	115	$37,850	14.44%	0.36
USD	3.42	$63.8	15	$957	0.37%	0.01
NVDL	3.32	$59.6	25	$1,490	0.57%	0.02

아레스 베타 계산기 파일(위)과 아레스가 보유한 주식들과 금액(아래).

예시를 통해 제가 개발한 '베타' 계산 방법을 자세히 알아보겠습니다. A 투자자의 총 현금 자산이 1억 원이고, 위와 같은 주식 및 ETF를 보유하고 있다고 가정하겠습니다. 이때 비중×베타는 전체 포트폴리오에 미치는 베타 기여도입니다. 각 자산의 비중에 따른 베타 기여도(비중×베타)를 모두 더하면 평균 베타가 나옵니다. 계산 결과, 총 투자 비중 베타 합계는 1.92입니다.

시장(S&P 500) 변동성을 1로 놓았을 때 약 2배에 가까운 민감도입니다. 즉, S&P 500이 10% 상승할 경우 A의 포트폴리오는 평균 20% 상승합니다. 물론 하락 시에는 그만큼의 위험도 수반됩니다. 이 책의 독자이자 베타 투자자인 여러분도 내 자산의 베타를 계산해 보는 습관을 갖길 바랍니다. 리스크 관리와 시장 판단에 매우 주요하게 작용할 것입니다.

* 아래 '아레스 유료 버전 베타 계산기 링크'를 통해 여러분의 베타값을 찾아보세요.

https://docs.google.com/spreadsheets/d/1yuH9EZoipAgoL_5UkLuakki2cG5xr0N-oT7N8m1FfX0/edit?gid=1612111521#gid=1612111521

왜 ETF인가

ETF는 'Exchange Traded Fund'의 약자로, 거래소에서 사고팔 수 있는 인덱스 펀드입니다. 시장 전체를 한 번에 매수할 수 있다, 수수료가 저렴하다, 접근성이 좋다, 다양한 종목에 자동 분산 투자가 가능하다, 시가로 실시간 거래가 가능하다 등의 장점이 있는데요. 베타 투자자에게 ETF는 '시장 전체를 사고파는 도구'입니다.

시장 상황별 ETF 조합 전략(실전 베타 포트폴리오 예시)

ETF는 '지수를 따라가는' 시스템입니다. S&P 500 ETF인 SPY는 미국 대표 500개 기업을 통째로 담고 있고, QQQ는 나스닥 100에 속한 기술주를 추종합니다. 한 주를 사는 것만으로도 시장 전체를 사는 것과 같죠. 단일 종목은 변동성이 크고, 기업의 실적이나 뉴스에 따라 쉽게 출렁입니다. 하지만 ETF는 여러 종목에 분산되어 있으니 상대적으로 안정적인 수익을 추구할 수 있으며, 베타 투자의 핵심인 '시장과의 동조화'를 정확하게 구현할 수 있습니다.

낮은 비용과 세금, 그리고 높은 유동성

ETF는 일반적으로 운용 보수(관리 수수료)가 낮습니다. 적게는 연 0.03%에서, 비싼 ETF도 1%를 넘기 힘들죠. 또 ETF는 주식처럼 실시간 거래가 가능하므로 유동성도 충분합니다. 개별 종목을 여러 개 사서 포트폴리오를 구성하려면 수많은 리밸런싱 비용이 발생하기 마련인데 ETF는 자동으로 지수를 추종하며 조정되므로 투자자가 큰 노력을 들이지 않아도 전체 시장에 연동되는 투자가 가능합니다.

섹터별 투자 가능

ETF의 가장 큰 장점 중 하나가 특정 산업군이나 테마에 집중 투자할 수 있다는 점입니다. XLK는 미국의 정보기술 섹터, XLF는 금융 섹터, SOXX는 반도체, ICLN은 클린에너지, VNQ는 리츠REITs, ARKK는 혁신기술 등. 이처럼 테마형 ETF를 통해 시장의 큰 흐름에 따라 특정 산업에 베팅할 수 있습니다. 예컨대 금리가 내리는 국면에서 기술주 섹터가 살아난다면 QQQ나 XLK는 '강한 베타'를 제공하는 도구가 됩니다.

ETF는 자산 배분과 리스크 관리가 동시에 가능합니다. 미국 주식 시장뿐 아니라 전 세계 지수, 채권, 원자재, 리츠, 금, 달러, 심지어 비트코인까지도 ETF로 투자할 수 있죠. 우리가 자산의 흐름을 읽고, 시장의 주도 섹터에 동조화되며, 시장의 방향성과 속도에 민감하게 반응하는 데 최적화된 도구입니다.

베타 투자자를 위한 ETF 핵심

베타 투자자가 활용해야 할 주요 ETF

구분	ETF	설명
미국 시장	SPY, VOO, IVV	S&P 500 지수 추종
기술주 중심	QQQ	나스닥 100 지수 추종
전 세계	VT	글로벌 올마켓
성장+인플레이션	VTI, IWM	전체 미국 시장+중소형주
원자재·인플레이션 대응	GLD, SLV, DBC	금·은·원자재 ETF
채권	TLT, SHY, IEF	장단기 미국 국채 ETF

ETF 분류

기준	주요 ETF	설명
지수형	SPY, QQQ, DIA	대표적인 시장 인덱스 추종. 가장 기본적인 베타 투자 대상
섹터형	XLK(기술), XLF(금융), XLE(에너지)	특정 산업군 집중 투자. 금리나 경기 상황에 따라 선택
밸류 vs 그로스	VTV(밸류), VUG(그로스)	성장주 vs 가치주 사이클에 따라 베타 전략 조정 가능
레버리지형	TQQQ, SOXL, SPXL	고베타 전략에 적합. 시장 상승기 수익률 극대화
테마형	ARKK, ICLN, BOTZ	미래 산업, 기술, 친환경 등 특정 장기 테마에 투자
국가·지역형	EWY(한국), EEM(신흥국), EWJ(일본)	지정학, 통화정책, 자원 수급 등 글로벌 흐름 반영
자산군형	TLT(채권), GLD(금), VNQ(리츠)	인플레이션 헤지, 금리 방어 목적 등 자산군 분산 전략

ETF 비교(성격, 위험, 전략)

ETF	주요 지수	특징	베타 수준	활용 전략
SPY	S&P 500	시장 전체 대표	1.0	가장 기본적인 코어 ETF
QQQ	나스닥 100	기술주 중심	1.1	경기 회복기, 금리 인하기
TQQQ	QQQ 3배	레버리지 ETF	3.47	공격적 상승장 베타 전략
SOXL	반도체 3배	고변동성 기술 섹터	4.6	기술주 중심 랠리 시
ARKK	혁신 테마	적극적 테마 투자	-1.95	중장기 성장 기대 시
VTV	대형 가치주	가치 중심	0.9~1.0	금리 상승기, 경기 후퇴기
ICLN	청정에너지	친환경 테마	1.2~1.4	장기 ESG 베타 전략
TLT	미 국채(20년)	채권형 ETF	-0.3~0.0	금리 하락기 방어 전략
GLD	금 가격	실물 헤지	0에 가까움	인플레이션 방어, 분산

초보 투자자를 위한 ETF 선택 가이드

투자자 성향	추천 ETF	설명
안정 지향형	SPY, VTI, TLT	낮은 변동성, 시장 전체 추종
성장 지향형	QQQ, VUG, XLK	기술주 중심, 성장성 높은 시장
공격적 베타 추구형	TQQQ, SOXL, NVDL	고수익 추구, 높은 변동성 감수 가능
장기 테마형	ARKK, ICLN, BOTZ	4차 산업혁명·ESG 중심 테마
분산형	VT, ACWI, VEU	전 세계 분산 투자 전략

ETF 주요 지표

주요 지표	동조화 해석법
M2 증가율	유동성 증가→주식 비중 ↑
국채 발행량	재정 확대→인플레 위험→자산·원자재 ↑
TGA 잔고 감소	정부의 실질 지출→유동성 유입→시장 상승
연준 점도표	금리 방향성 파악→채권·주식 비중 조절
FOMC 의사록	연준 태도 확인→자산 흐름 판단

베타 포트폴리오 구성법

경기가 상승하고 인플레 안정기에 돌입하면, 즉 경기는 상승하고 물가는 안정적인 포트폴리오 구성 시 VOO 60%+QQQ 20%+TLT 20%가 가능합니다. 금리 인상기·긴축기라면 VOO 30%+SHY 30%+ 현금 40%가 가능합니다. 인플레 급등기·혼란기에는 DBC 20%+GLD 20%+VTI 30%+ 현금 30%가 가능합니다. 베타 투자자는 ETF를 활용해 시장의 전체 흐름에 동조화하며, 종목이 아닌 구조에 베팅합니다. 요약하면 돈은 늘어나고 M2는 필연적으로 증가합니다. 화폐는 약해지고 피아트 머니의 가치는 하락합니다. 자산 가격은 장기적으로 상승하기 때문에 자산은 강해집니다. ETF를 통해 시장과 동조화하여 시장에 올라타세요.

시장 상황별 ETF 조합 전략(실전 베타 포트폴리오 예시)

시장 상황	금리 방향	추천 ETF 조합	전략 설명
경기 회복기 (물가 안정+금리 인하)	하락	QQQ, TQQQ, SOXL, VUG, ARKK	성장주 랠리 가능성. 기술주·혁신테마 비중 확대
경기 확장기 (인플레 상승+금리 상승)	상승	SPY, XLE, XLF, VTV, ICLN	가치주, 에너지, 금융 섹터 강화. 배당주 ETF도 고려
경기 침체기 (물가 둔화+고금리 유지)	고정	TLT, GLD, XLU, VTV, VNQ	방어적 자산 강화. 채권, 금, 유틸리티 섹터 비중 확대
시장 조정기 (유동성 축소+불확실성 확대)	상승	SH, SQQQ, 현금, GLD, TLT	리스크 해지, 포지션 축소, 금·채권 활용
글로벌 회복기 (전 세계 경기 동반 상승)	하락	VT, VEA, EEM, EWY, ICLN	전 세계 분산 투자. 신흥국, 친환경 섹터 동시 접근

실전 예시: 포트폴리오 구성

상황	자산 구성 예시(총 1억 원 기준)
기술주 중심 상승장	TQQQ(3,000만 원), QQQ(2,000만 원), SOXL(2,000만 원), 현금(3,000만 원)
방어적 포트폴리오	TLT(3,000만 원), GLD(2,000만 원), SPY(2,000만 원), 현금(3,000만 원)
밸류 회복장	VTV(3,000만 원), XLE(2,000만 원), XLF(2,000만 원), 현금(3,000만 원)
테마 집중 분산형	ARKK(2,000만 원), ICLN(2,000만 원), VT(2,000만 원), 현금(4,000만 원)

저는 2022년, 2023년 하락장에서도 기술주 중심의 상승장 포트폴리오를 짜고 베타를 극대화하여 2022년, 2023년 모두 90% 이상의 높은 전체 수익률을 기록했습니다.

ETF 선택 시에는 유의사항이 있습니다. 시장 베타 관리는 전체 포트폴리오의 평균 베타를 추산하여 리스크를 조절하세요. 레버리지 ETF는 단기 전략용입니다. 장기 보유 시 복리 손실이 발생할 수 있습니다. 현금 및 채권 ETF 활용은 시장 변동성 증가 시 리스크 완충이 됩니다. ETF 내부 보유 종목을 확인할 때는 이름만 보고 선택하지 마세요. 중복과 편향주의에 유의해야 합니다. 마지막으로 국가·통화 리스크를 고려해야 합니다. 해외 ETF는 환율에 영향받습니다.

ETF의 기본 QQQ

QQQ

QQQ는 인베스코Invesco에서 만든 ETF로, 나스닥 기술주를 시가 총액 순으로 보유하고 있습니다. 나스닥 전체 지수에 투자하고 싶은 투자자에게 가장 유명한 ETF죠.

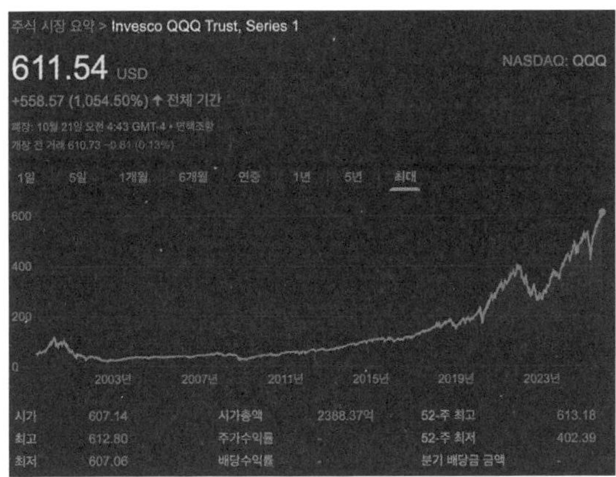

나스닥이 우상향해 QQQ 또한 우상향했다.

2025년 6월 기준, 전 세계 기업의 시가총액 순위는 아래와 같습니다. 엔비디아와 마이크로소프트, 애플이 선두를 차지하기 위해 치열하게 경쟁하고 있습니다.

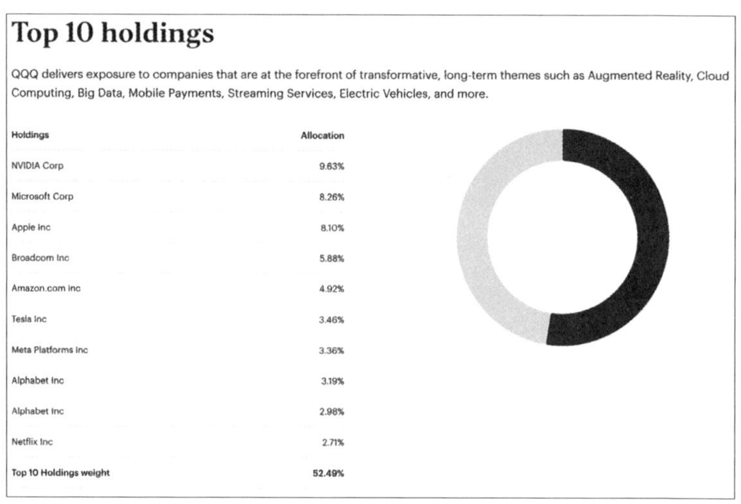

QQQ는 시총 상위 10개 종목이 절반을 차지한다.

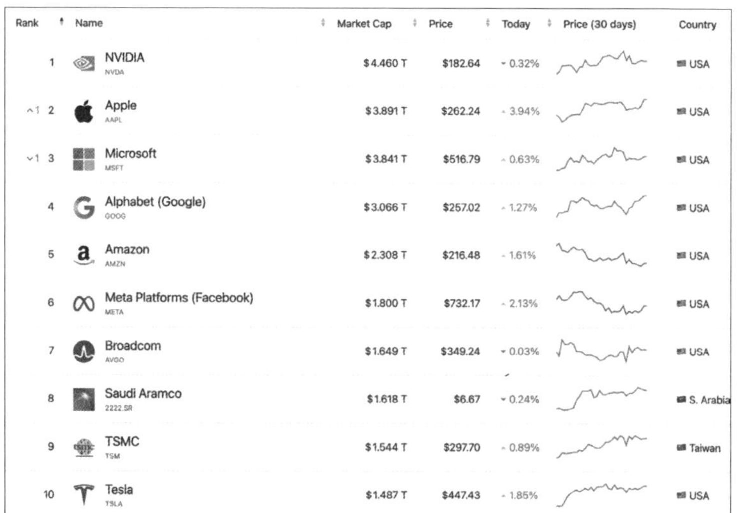

QQQ는 시가총액 가중 비중을 사용합니다. 시가총액이 높은 주식을 그만큼 더 편입한다는 뜻인데요. 추세 추종 전략과도 일치합니다. 한마디로 더 가는 주식을 더 사는 방법입니다. 나스닥을 추종하는 ETF가 QQQ만 있는 것은 아닙니다. QQQM, XLK 등도 있습니다. 그런데 저는 왜 QQQM이나 XLK가 아닌 QQQ를 선택했을까요?

지금부터 베타 투자자의 시선으로 바라보는 기술주 ETF 선택법을 이야기하고자 합니다. QQQ, QQQM, XLK 모두 미국 기술주의 대표 ETF입니다. 서로 유사한 듯 보이지만 운용 방식, 구조, 비용, 보유 종목 등에서 차이가 있습니다. 베타 투자자는 '기술주 ETF'라는 이유로 아무거나 고르지 않고 투자 목적과 전략, 운용 기간에 따라 올바른 선택을 해야 합니다.

ETF 비교 가이드

항목	QQQ	QQQM	XLK
운용사	인베스코	인베스코	SPDR
추종 지수	나스닥 100	나스닥 100	S&P 500 기술 섹터 지수
설정 시기	1999년	2020년	1998년
운용 보수	0.20%	0.15%	0.10%
보유 종목 수	약 100개	약 100개	약 65개
대표 보유 종목	애플, 마이크로소프트, 엔비디아 등	애플, 마이크로소프트, 엔비디아 등	애플, 마이크로소프트 (비중 40% 이상)
1주당 가격 (2025년)	약 534달러	약 170달러	약 230달러
배당금	있음	있음	있음
유동성	매우 높음	낮음	중간

나에게 적합한 ETF는

QQQ의 장점은 유동성이 뛰어나고 거래가 활발하다는 것입니다. 파생 상품 활용도 가능합니다. 단점은 보수가 다소 높고, 1주당 가격이 높아 소액 분할 투자엔 비효율적입니다. 적합 투자자는 장기 투자자, 적극적 대응이 필요한 투자자, 기관 투자자 등입니다. QQQM은 QQQ와 동일한 지수를 추종하면서도 운용 보수가 낮고, 가격이 저렴해 소액 투자자에게 유리합니다. 그러나 거래량이 적고 유동성이 QQQ보다 떨어져 신속한 매수와 매도가 용이하지 않습니다. 비활동적 장기 투자자, 개인 투자자, 분할 매수 선호자에게 적합합니다. XLK는 기술 섹터에 집중되어 있어 QQQ보다 순수한 기술주 ETF라고 할 수 있습니다. 운용 보수도 가장 저렴합니다. 반면 일부 대형 기술주에 비중이 과도하게 쏠려 있습니다. 애플과 마이크로소

XLK 보유 종목 TOP 10

HOLDINGS

Index Holdings | **Portfolio Holdings**

as of 10/20/2025
Holdings and weightings are subject to change.

Download a Spreadsheet | CSV FILE | XLS FILE

Symbol	Company Name	Weight	Identifier	Shares Held
NVDA	Nvidia Corp	14.45%	67066G104	72,101,765
MSFT	Microsoft Corp	12.34%	594918104	21,964,896
AAPL	Apple Inc.	12.10%	037833100	43,853,189
AVGO	Broadcom Inc	5.31%	11135F101	13,898,736
ORCL	Oracle Corp	3.77%	68389X105	11,835,188
PLTR	Palantir Technologies Inc. Class A	3.65%	69608A108	18,757,575
AMD	Advanced Micro Devices	3.41%	007903107	13,384,844
CSCO	Cisco Systems Inc	2.50%	17275R102	32,661,040
IBM	Intl Business Machines Corp	2.36%	459200101	7,682,941
CRM	Salesforce, Inc.	2.10%	79466L302	7,884,909

항목	QQQ	QQQM
수수료	0.20%	0.15%(우위)
유동성	높음	낮음
주가	534달러	170달러 수준(분할 매수에 유리)
장기 보유 효율	보통	우수(보수, 진입 단가 낮음)

프트의 비중이 40% 이상입니다. 그래서 섹터 중심의 집중 투자자, 기술주에 크게 베팅하고자 하는 투자자에게 적합합니다.

장기 투자자 혹은 월급을 나눠 투자하는 베타 투자자라면 QQQM이 효율적입니다. 하지만 거래가 활발하고 즉각적인 대응이 필요한 경우는 QQQ가 낫습니다. QQQ+TQQQ 조합은 적극적 상승 베팅에 적합합니다. QQQM+TLT 조합은 완만한 상승장과 리스크 방어를 병행할 수 있습니다. 그리고 XLK+SOXL 조합은 기술 섹터 집중형 전략에 적합합니다. 그런데 왜 QQQ를 선택했냐고요? 제가 수많은 ETF 가운데 QQQ(TQQQ)를 선택한 이유는 지수의 추종 성과 때문이 아니라, 전략적 실행의 유연성과 상징성이라는 측면에서 가장 이상적이었기 때문입니다.

베타 조절의 기민함(유동성)

베타 투자는 시장의 흐름을 정확히 읽고 민첩하게 동조화합니다. 내가 포트폴리오의 베타를 높이고 싶거나 낮추고 싶을 때 한순간도 실행이 지체되어서는 안 됩니다. QQQ는 미국 ETF 시장에서도 손

꼽히는 초고유동성 상품입니다. 매수 및 매도 시점에 상관없이 즉시 체결이 가능하죠. 슬리피지(체결 손실) 없이 내 전략을 그대로 반영할 수 있습니다. 제 결론은 유동성은 거래 편의 이상의, 전략 집행의 핵심 무기라는 것입니다.

상징성과 심리적 지지

QQQ는 단순한 ETF가 아닙니다. 나스닥 100을 대표하는 상징적인 존재로, 수많은 글로벌 투자자가 미국 기술주 성장의 바로미터로 삼습니다. QQQ를 보유한다는 것은 애플, 마이크로소프트, 엔비디아, 아마존, 테슬라 등 세계 최강 기술 기업들의 장기 성장에 함께 올라탄다는 선언이기도 합니다. 이러한 시장 인식의 상징성은 투자자의 심리에 강력한 지지대를 제공하며, 전략에 대한 확신과 지속성을 높여 주는 중요한 요소입니다.

레버리지·파생 연계 유연성

제가 QQQ를 선택한 또 하나의 이유는 TQQQ(3배 레버리지) 파생 ETF와의 호환성이 뛰어나서입니다. 즉, QQQ 중심의 ETF를 선택하면 시장 상황에 따라 베타를 1.0→3.0→-1.0까지 유연하게 조절할 수 있는데요. 이 구조는 '아레스 미국주식 베타 투자법'의 기반이 되었습니다.

실전에서 중요한 건 실행력입니다. 수수료가 싸다거나 지수를 잘 추종한다 같은 이유로는 충분하지 않습니다. 내 전략을 얼마나 유연하고 빠르게 구현할 수 있느냐, 그리고 그 ETF가 내 투자 신념과 얼마나 맞닿아 있느냐가 관건입니다. 그래서 저는 QQQ를 선택했고, 지금도 제 베타 전략의 중심엔 늘 QQQ가 기본으로 작용합니다.

ETF 비교 가이드

SPY vs VOO vs IVV

S&P 500 지수를 추종하는 대표적인 ETF 3종의 수수료, 유동성, 구조, 운용사 등을 비교해 보자.

① 개요

항목	SPY	VOO	IVV
운용사	SPDR	뱅가드	블랙록
설정 시기	1993년	2010년	2000년
추종 지수	S&P 500	S&P 500	S&P 500

② 운용 방식 및 수수료

항목	SPY	VOO	IVV
총 운용자산	약 $500B+	약 $400B+	약 $400B+
보수(수수료)	0.09%	0.03%	0.03%
배당 지급 방식	분배금 분기 지급	분배금 분기 지급	분배금 분기 지급

VOO와 IVV는 수수료가 SPY보다 저렴하지만, SPY가 거래량과 유동성 면에서는 제일 우수하다. 다만 2025년 기준 VOO가 SPY를 넘어섰다.

③ 구조 차이

항목	SPY	VOO·IVV
ETF 구조	유닛 트러스트Unit Trust 구조 (배당금 즉시 지급 불가)	오픈-엔드 펀드Open-End Fund 구조(배당금 자동 재투자 가능)
옵션 유동성	매우 높음	낮은 편
프리미엄·디스카운트	낮음	매우 낮음

SPY는 옵션 거래, VOO와 IVV는 장기 투자에 효율적이다.

④ 베타 투자자의 선택 기준

투자 스타일	추천 ETF	이유
단타·트레이딩 위주	SPY	유동성+실시간 거래 편의성
장기 투자·수수료 중시	VOO·IVV	낮은 운용 보수, 배당 재투자 구조 최적화
퇴직 계좌 (IRA 등)	IVV	iShares ETF는 퇴직 계좌에 넣기 적합한 경우가 많음

정리하면 SPY는 가장 유동성 높은 ETF로, 고빈도 매매나 옵션 거래에 적합하다. VOO는 뱅가드의 철학이 담긴 저비용 장기 투자에 맞다. IVV는 블랙록의 안정적 운용, VOO와 매우 유사한 구조다. 각각의 성격이 다르기 때문에 어떤 ETF를 타고 시장에 올라탈지는 비용, 거래 스타일, 유동성 등을 고려해 전략적으로 선택해야 한다. 개인적으로는 SPY가 상징성이 있지만 VOO를 더 추천한다. 수수료가 더 낮고, 거래량이나 규모 등도 SPY를 앞섰기 때문이다.

QQQ vs QLD vs TQQQ

나스닥 100을 추종하는 ETF가 왜 이렇게 많을까요? QQQ, QLD, TQQQ 모두 나스닥 100을 기반으로 하는데요. 나스닥 100은 애플, 마이크로소프트, 엔비디아, 아마존 등 대표 기술주 중심 지수입니다. 하나씩 살펴보겠습니다.

QQQ

QQQ Invesco QQQ는 레버리지 1배짜리입니다. 구성 종목은 약 100개로 거래량과 유동성이 매우 높은 편이죠. 안정적이고 추세 추종에 적합하다는 점이 장점입니다. 그래서 중장기 투자자, 베타 기반 자산 배분 전략가에게 맞습니다. 시장을 대표하는 상징성 있는 ETF라고 생각합니다. 유동성이 풍부해 시장 흐름에 민첩하게 대응할 수

있고, 저점 분할 매수나 포트폴리오의 베이스 자산으로 최적의 선택
입니다.

QLD

QLD**ProShares Ultra QQQ**는 2배 레버지를 가집니다. 구성 종목은
QQQ와 마찬가지로 약 100개입니다. 거래량도 양호하고요. QLD
의 장점이라면 적절한 레버리지와 수익을 기대할 수 있다는 점, 단
점은 장기 보유 시 수익률이 왜곡(변동성 끌림)될 가능성이 있다는 점
입니다. 상승이 뚜렷한 구간에서 중단기 고수익 추구자에게 적합합
니다.

TQQQ

TQQQ**ProShares UltraPro QQQ**는 3배 레버리지입니다. 역시 구성 종
목은 약 100개입니다. 거래량은 QQQ 다음으로, 매우 높은 편이죠.
TQQQ의 장점은 상승장에서 폭발적인 수익률을 얻을 수 있고, 현
금 보유량이 매우 크다는 점입니다. 반면 하락장 혹은 횡보장에선
손실이 급속히 확대되고, 변동성 끌림이 있습니다. 그래서 현금을
충분히 보유한 베타 투자자에게 맞습니다. TQQQ는 베타 투자자가

타이밍을 읽어 공격적으로 포지션을 확대할 때 사용합니다. 단, 강한 상승장 흐름이 분명할 때에만 진입하세요. 저는 횡보장이나 약세장에서는 베타와 비중을 줄입니다.

TQQQ를 선택해야 하는 이유:
아레스 미국주식 베타 투자의 핵심 전략

QQQ는 '시장에 올라탄다'는 베타 투자자의 본진입니다. QLD와 TQQQ는 '베타 타이밍'을 읽어 낸 투자자만의 공격 도구로, 특히 TQQQ는 칼날과 같습니다. 방향이 맞으면 엄청난 수익을 주지만 방향이 틀리면 투자자의 계좌를 손쉽게 베어 낼 수 있습니다. 그럼에도 아레스 미국주식 베타 투자는 TQQQ 중심입니다. TQQQ는 베타값이 높아 전체 자산 중 일부만 투자해도 시장 전체에 투자한 것과 유사한 효과를 얻을 수 있기 때문입니다. 리스크가 높지만 철저한 전략이 있다면 충분히 승산 있습니다. 내가 가진 현금이 1억 원이라면 이 중 3,000만 원만 TQQQ에 투자해도 베타값이 약 3.5이므로, 1억 원 전부를 QQQ에 투자한 것과 유사한 베타값을 만들 수 있습니다.

TQQQ의 장점은 무엇일까요? 첫째, 하락장에서도 살아남을 수 있는 '현금 쿠션' 확보가 가능합니다. QQQ에 1억 원을 넣은 사람은 시장의 하락을 버티기 힘듭니다. 그러나 TQQQ에 투자했다면 현금

7,000만 원이 남아 있어 주식이 떨어졌을 때 추가 매수할 여력이 있습니다. 하락장에서 추가 매수를 통해 평균 단가를 낮출 수 있고, 회복기엔 더 큰 수익률을 기대할 수 있습니다. 둘째, 비중 조절로 베타를 '세밀하게' 조정할 수 있습니다. 시장이 좋을 때는 TQQQ 비중을 60~70%까지 높여서 공격적 베타(2-3)로, 시장이 불안정할 때는 10~20%로 낮춰서 방어적 베타(1~2)로 전환할 수 있습니다. 종목을 단순 선택하는 것보다 훨씬 매크로 친화적이고 유동성 대응에 최적화된 방식입니다.

이것이 아레스 미국주식 베타 투자법입니다. '베타는 높이되, 비중은 낮춘다', '시장과 동조화하되, 살아남을 여유를 확보한다'. 시장을 분석하고, 유동성을 읽고, 현금 흐름에 맞춰 레버리지 ETF를 정밀하게 활용하는 전략적 투자법입니다. TQQQ는 도박이 아닙니다. 제대로 된 '비중 조절력'과 '현금 쿠션'을 갖춘 투자자에겐 최고의 무기입니다.

TQQQ의 주의사항: 변동성 끌림

레버리지 ETF는 1일 수익률의 2배 또는 3배를 추종합니다. 문제는 지수가 일정 구간 내에서 오르고 내리는 '변동성 장세'일 때, 복리 구조상 TQQQ의 수익률이 지수보다 '덜' 오르거나 손실이 커지는 현상이 발생한다는 점인데요. 가령 나스닥이 이틀 동안 등락을 반복할 때 다음과 같은 모습을 보입니다.

구분	나스닥 100 지수	TQQQ(3배 레버리지)
1일 차	+1%	+3%
2일 차	-1%	-3%
총합	-0.01%	-0.09%

같은 비율로 오르고 내렸는데도 TQQQ는 원금 기준 수익률이 더 크게 감소했습니다. 이것이 반복되면 QQQ는 제자리를 가거나 전고점을 회복하는 반면에 TQQQ는 회복하지 못하는 상황이 발생합니다. 왜 이런 일이 벌어질까요? 레버리지 ETF가 '1일 수익률'을 추종하기 때문입니다. TQQQ는 하루 단위로 3배를 재조정합니다. 장기적으로 보면, 1일 재조정이 복리 수익률에 불리하게 작용합니다. 변동성이 클수록 복리 수익률이 실제 기대수익률보다 더 낮아집니다. 이 현상을 '변동성 끌림'이라고 하는데, 횡보장 또는 박스권 장세에서 장기 보유할수록 손해가 커질 수 있는 구조입니다. 그렇다면 어떻게 해야 할까요? 저는 다음과 같은 전략적 운용을 추천합니다.

전략 항목	대응 방안
보유 기간	시장 과열 시 장기 보유 금지. 상승 시기마다 단기 수익 실현(베타 조절)
비중 조절	1억 원 자산 중 30% 이내로 편입, 나머지는 현금 또는 QQQ 대기
하락장 대비	하락 시 공포에서 매수 전략이 더 유효
변동성 장세	레버리지 ETF는 오히려 수익률 하락의 원인이 될 수 있음
리밸런싱	변동성 지표(VIX) 기준 리밸런싱 검토

TQQQ는 '전략적 도구'이지 장기 투자 상품이 아닙니다. TQQQ를 고속도로의 스포츠카라고 생각하세요. 빠를 때는 누구보다 빠르지만 과속방지턱(변동성) 앞에선 치명타를 입습니다. 따라서 감정이 아닌 전략으로 운용해야 합니다. TQQQ는 상승장에선 지수의 3배를 주지만 변동성 구간에선 지수의 발목을 붙잡습니다. 베타 투자자는 TQQQ를 활용하되 조심스레 다뤄야겠습니다.

나는 왜 QQQ 대신 TQQQ를 선택했는가

많은 투자자가 레버리지 ETF에 경계심을 가진다. 그중 가장 자주 언급되는 단점이 변동성 끌림이다. 나스닥 100 지수가 1% 오르면 TQQQ는 약 3% 오르지만, 다음날 나스닥 100이 1% 하락하면 TQQQ는 약 3% 하락한다. 이걸 반복하면 지수가 제자리여도 TQQQ는 서서히 손실을 입게 된다. 이것이 변동성 끌림 현상이다. 그럼에도 TQQQ를 전략적으로 보유하는 것이 QQQ보다 유리한 이유는 다음과 같다.

TQQQ+현금 보유 > QQQ 풀 베팅

나에게 투자금 1억 원이 있다고 가정하자. 그렇다면 두 가지 투자 방법이 있다. QQQ에 1억 원 전액을 투자하는 것과 TQQQ에 3,000만 원을 투자하고 7,000만 원은 현금으로 보유하는 방법이다. TQQQ는 QQQ보다 약 3배의 베타값을 가지므로 TQQQ 3,000만 원은 QQQ 1억 원의 베타 노출과 같다. 시장이 상승할 때는 두 전략의 수익률이 거의 유사하다. 하지만 하락장이 오면 완전히 갈린다.

QQQ 풀 베팅은 손실을 피할 수 없지만 TQQQ와 현금을 모두 보유하고 있을 시에는 소유하고 있는 현금으로 바닥권에서 TQQQ를 더 싸게 매입할 수 있다. 그 결과 반등장에서 QQQ보다 훨씬 더 큰 복원력을 보인다.

실전에서 TQQQ는 어떻게 우위를 가질까? 아래 표가 잘 보여 준다.

항목	QQQ 풀 베팅	TQQQ 30%+현금 70%
상승장에서	평균 10~12% 수익률	비슷한 수준의 수익률
하락장에서	-20% 손실	-20~23% 손실+저점 추가 매수 가능
반등장에서	복구에 시간 소요	빠르게 수익 전환
유동성 위험	큼(현금 없음)	낮음(현금 보유)

TQQQ는 위험한 ETF가 아니라 통제된 베타 전략의 도구다. 레버리지를 피하기만 할 게 아니라 그것을 '현금과 함께 운용'할 수 있는 전략이 진정한 베타 투자자의 무기다. 즉, TQQQ는 변동성 끌림을 뛰어넘는 압도적인 전략이다. 나는 유튜브 채널 개설 이후 두 번째 영상에서 이렇게 말했다.

QQQ 말고 무조건 TQQQ를 사야하는 진짜 이유

조회수 9.1천회 · 2년 전

당시만 해도 대부분이 레버리지 ETF에 부정적인 시선을 갖고 있었다. 특히 '나스닥 레버리지 ETF는 장기 투자하면 안 된다'는 주장이 거의 상식처럼 받아들여졌다. 지금도 ETF에 대해 '장기 투자하면 손실이 커진다'고 단순하게 접근하며 많은 투자자를 혼란에 빠뜨리고 있다. 하지만 나는 단언한다. 레버리지를 두려워하지 마라. 레버리지 ETF는 무조건 나쁜 게 아니다. 전략만 있다면 QQQ의 한계를 넘을 수 있는 수단이다. 내가 거둔 연수익률 90~100%는 절대 우연이 아니다. TQQQ 중심의 베타 투자는 하락장에서는 현금이 방패가 되고, 상승장에서는 TQQQ가 창이 되는 전략이다. 타이밍을 잘 잡는다면 단기간에 수익률이 폭발할 수 있다.

개별 주식과 지수 ETF, 그리고 전략적 선택

모든 투자자가 엔비디아처럼 '폭등'할 주식을 찾고 싶어 하지만 현실은 냉정하다. 넷플릭스, 페이스북, 엔비디아조차도 한때 −70%라는 큰 하락을 겪었고, 수많은 개별 종목은 아예 사라졌다. 즉, 개별 주식 투자는 선택을 잘하면 수백 배 수익이 가능하나 그 기업을 사전에 고르는 건 사막에서 바늘 찾기처럼 어렵다. 그래서 '확률 싸움'으로 가야 한다. 베타 투자는 종목이 아닌 시장 자체에 올라타는 전략이다. 시장이 오르면 함께 오르고, 떨어지면 함께 조정받는다. 단순하고 명확하다. 이 전략을 극대화할 수 있는 도구 중 하나가 TQQQ다. 그럼 TQQQ는 어떻게 작동하는가? TQQQ는 나스닥 100 지수(NDX)의 3배 수익률을 추구하는 레버리지 ETF다. 단순화하면 나스닥 100이 1% 오르면 TQQQ는 이론적으로 3% 오른다. 더 크게 작동할 때도 있다. 가령 나스닥이 2.3배 상승한 장기 랠리에서 TQQQ는 11배 상승하기도 했다. TQQQ가 매일 지수를 추종하며 기계적으로 리밸런싱되기 때문이다. 복리 효과가 붙고, 상승장이 이어지면 폭발적인 수익률이 나타난다.

TQQQ도 당연히 단점이 있다. 그러나 자세히 들여다보면 오히려 기회다. TQQQ는 하락할 때도 훨씬 더 크게 빠진다. 가령 나스닥이 1% 빠지면 TQQQ는 −3% 이상 빠질 수 있다. 이 변동성 끌림은 장기적으로 수익률을 깎아 먹는 요소지만 여기서 중요한 전략이 등장한다. TQQQ와 현금을 동시에 보유하는 전략이다. 2023~2025년 초반까지 이어진 나스닥 상승 랠리에서 TQQQ는 저점 대비 약 360% 이상 상승했다. QQQ의 3배(95x3=285%)보다 훨씬 더 강한 상승률이었고, 현금 비중을 조절해 가며 접근한 투자자에게 유리하게 작용했다.

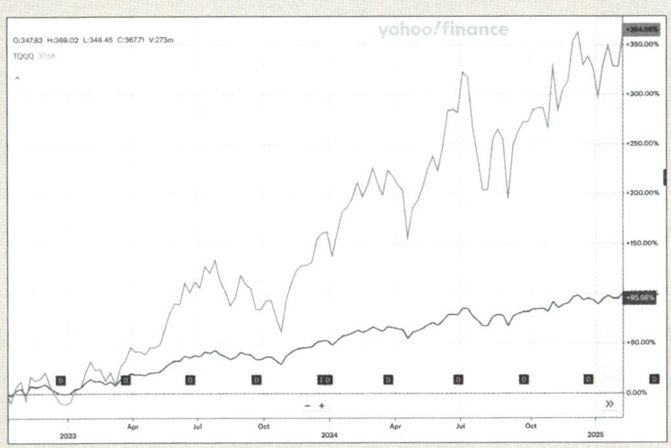

QQQ는 +95.66% 상승, TQQQ는 그 3배인 286.98%가 아니라 무려 +364.96% 상승했다.

이를테면 1억 원의 투자금 중 TQQQ를 3,000만 원만 보유하고, 현금을 7,000만 원 보유해도 1억 원 전부를 QQQ에 넣어서 현금이 0인 경우와 수익이 비슷하거나 TQQQ가 앞선다. 여기서 TQQQ 비중을 저점에서 더 확대(베타를 1이 아니라 2~3 이상)했다면 QQQ를 투자했을 때보다 훨씬 큰 자산 상승을 이룰 수 있다. TQQQ의 단점으로 꼽히는 변동성 끌림을 완전히 이해하고 대응하면 QQQ보다 훨씬 전략적인 수단이 된다. 중요한 건 전액 투자냐 분산 투자냐가 아니라 레버리지 ETF를 어떻게 활용하느냐다. 그래서 아레스 미국주식 베타 투자법은 'TQQQ+현금 보유 전략'을 핵심으로 삼는다.

PART 5.

전략의 고도화와 자동화

베타 전략의
고도화

베타 투자는 시장과 함께 움직이는 ETF를 매수하는 데서 출발합니다. 그리고 시장 흐름을 읽고, 자산 비중을 조절하며, 타이밍을 맞추는 정교한 운용으로 진화합니다. 이번 장에서는 ETF 실전 편입 전략, 타이밍 기법, 포트폴리오 조절 원칙을 중심으로 구체적인 ETF 운용 방법을 다루겠습니다. 이와 같은 전략 고도화를 통해 저는 2022년 저점, 2023년 저점, 2024년 저점을 맞추어 매수했습니다. 제 모든 전략을 낱낱이 공개합니다.

ETF 실전 편입 전략

ETF 실전 편입 전략의 핵심 원칙은 '시장의 사이클에 따라 베타 치환을 하라'입니다. M2 증가율이 높고 금리 인하 시그널이 강할수록 기술주와 고성장 ETF(TQQQ, SOXL, TSLA)의 비중을 확대해야 합니다. TGA 잔고가 급감하거나 국채 발행량이 급증하는 건 유동성 공급 신호입니다. 주식 편입 비중을 확대해야 합니다. 물가 상승 압력이 강하고 금리 인상 사이클이 도래한 경우에는 베타를 줄이고, 가치주와 에너지(XLE), 금융(XLF) 중심으로의 포트폴리오 구성이 가능합니다. 채권 금리 하락과 인플레이션 둔화 신호가 오면 TLT, LQD 등 채권 ETF 확대가 가능합니다.

베타 전략의 성패는 타이밍에 있습니다. 아래는 제가 정리한 지표와 신호 해석, 그리고 투자자의 행동 전략입니다.

지표	신호 해석	행동 전략
FOMC 점도표	금리 인하 시그널	기술주 ETF, 성장형 자산 비중 확대
CPI·PCE 지표	인플레이션 정점 통과	위험 자산 비중 확대
실업률 상승	경기 침체 위험 증가	방어형 ETF 확대(베타 줄이기)
국채 10Y·2Y 역전	경기 침체 전조	포트폴리오 리밸런싱, 채권·현금 확대
M2 증가율 반등	유동성 증가 조짐	레버리지 ETF 부분 진입 고려

포트폴리오 조절 원칙

상시 조절보다는 시장 반응과 매크로에 의한 베타 리밸런싱이 중요합니다. 매크로, 연준, 물가 등으로 ETF 수익률 및 베타를 점검해야 합니다. 베타 평균 조절은 다음과 같이 행동하기를 추천합니다.

- 상승장: 평균 베타 1.5~2.5 유지(저는 2020년 6월부터 베타 3 이상을 유지했습니다.)

- 하락장: 평균 베타 0.5~1.0 이하로 낮춤

* 평시 베타 1은 절대 유지

- 현금 비중 조절: 변동성 높을 시 최소 30~50% 확보, 확신 있는 상승장 시 10~20%로 축소

- 자산 중복 점검: QQQ, ARKK, TQQQ 등 중복 종목 주의(예: 애플, 마이크로소프트 등), 테슬라 등 개별주는 30% 미만 추천

리스크 조절을 위한 저의 리밸런싱 포트폴리오는 다음과 같습니다.

시점	평균 베타	비중 변화 예시
2020년 3월 코로나 저점	0.5→3	현금→TQQQ, SOXL, QQQ TSLA
2021년 11월 인플레 급등기	2.5→1.0	기술주 ↓, 현금 단기 국채(SGOV 등) ↑
2023년 10월 금리 고점 예상	1.2→2.0	다시 성장주 ↑
2025년 경기 침체 우려 시	1.8→1~1.3	방어형 ETF ↑, 레버리지 ↓

다음 페이지 차트는 제가 나스닥 100 지수의 가격 변화와 함께 베타를 조정한 시점들을 표시한 차트입니다. 흰색 박스는 베타를 늘린 시기이고, 금색 박스는 유튜브 채널을 통해 지금은 베타를 줄여야 한다고 이야기한 시기입니다. 하나하나 보겠습니다.

베타를 늘린 시기(흰색 박스)는 가격이 하락하거나 조정받은 때입니다. 대부분 나스닥이 과매도 상태일 때, 즉 RSI 지표가 30 이하로

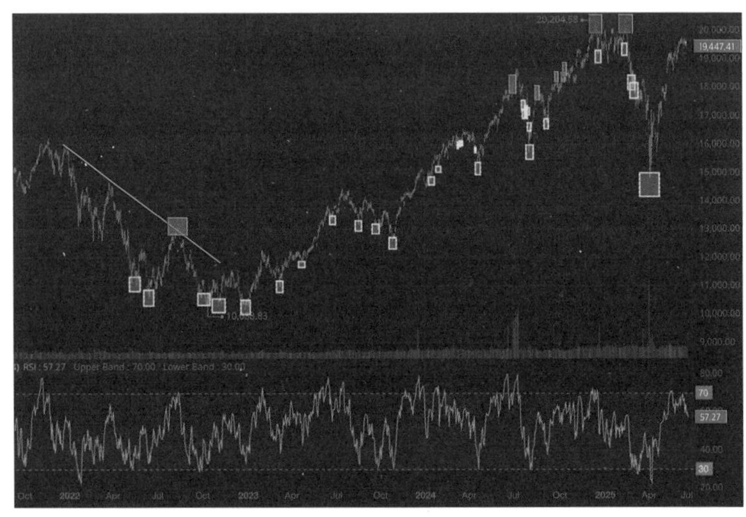

지금까지 이어 오고 있는 아레스의 투자 타이밍.

떨어질 때였습니다. 중요한 점은 제가 주식 하락장에도 두려워하지 않고 오히려 이를 기회로 삼는 전략을 취했다는 건데요. 앞에서 설명한 지표 등을 참고하고, 매크로 데이터를 분석해 큰 방향을 잡고, 기술적 분석을 통해 매수 타이밍을 잡았습니다.

시장이 하락하거나 조정받을 때, 가격은 매력적인 수준에 도달한다.

↓

매크로 데이터(경기 업, 물가 다운) 유동성 사이클 등을 살핀다.

↓

나스닥 지수가 일정 수준 이하로 하락할 때 RSI가 30 이하로 내려가면 매수 타이밍이다.

반대로 베타를 줄인 시기(금색 박스)는 가격이 급등한 시점이었습니다. RSI가 70 이상일 때, 즉 과매수 상태로 판단되는 시점이었죠. 이때는 시장의 급등에 대한 과도한 반응을 피하고, 안정적인 포지션을 유지하기 위해 베타를 줄이는 전략을 사용해야 합니다.

나스닥 지수가 급등하거나 과매수 구간(RSI 70 이상)에 접어들면 리스크 관리 차원에서 베타를 줄이는 것이 효과적이다.

↓

고점에서 조정 가능성이 높아 리스크를 줄이고 현금 보유 비중을 늘리는 시기다(최소한 과매수 구간일 때는 매수를 피해야 한다).

매수와 매도 시점은 매우 중요합니다. 모든 자금을 일시에 투자하는 게 아니라 주기적으로 시장 상태를 점검하며 적절한 시점에 베타를 조정해야 합니다. 매수 시점은 시장이 과매도 상태일 때, 매도 시점은 시장이 과매수 상태일 때임을 명심하세요. 베타를 적절하게 조절하면서 시장 상황에 맞는 전략을 취하는 것이 수익을 극대화하고 리스크를 최소화하는 방법입니다.

베타 투자자는 첫째로 M2와 유동성 흐름을 점검해야 합니다. 둘째로 연준의 통화정책 시그널에 귀 기울여야 합니다. 셋째로 내 자산의 베타 평균을 스스로 조절할 수 있어야 합니다. 넷째로 ETF 편입 비중과 현금 비중의 완급 조절이 핵심입니다. 마지막으로 항상 시장보다 오래 살아남는 것이 목표여야 합니다.

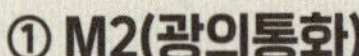

베타 투자자의 필수 매크로 분석 체크포인트

① M2(광의통화)
- M2 증가율 상승은 유동성 공급 증가→자산 가격 상승 시그널
- M2가 반등을 시작할 때 레버리지 ETF 진입 고려

② TGA 잔고(미 재무부 일반 계좌)
- TGA 감소는 정부 지출 증가→시중 유동성 확대
- TGA 급감은 단기적 랠리 가능성 시사

③ 국채 발행량
- 국채 발행이 많으면 민간 자금이 흡수→유동성 축소
- 국채 발행 후 연준이 재매입(유동성 재투입) 시 시장은 반등 가능

④ 연준 FOMC 의사록 & 점도표
- 금리 방향과 시기 예측 가능
- 인상→동결→인하 전환 시 주식 시장 회복 본격화

⑤ CPI·PCE 등 물가 지표
- 물가가 하향 안정화되는 시점이 베타 투자 진입 타이밍
- 물가 급등기에는 변동성 확대→레버리지 비중 줄이기

실전 베타 분석 체크리스트

항목	긍정 시그널	부정 시그널
M2	상승 전환	지속 하락
TGA	빠르게 감소	지속 증가
국채 발행	감소 또는 유동성 중립	급증 후 유입 없음
연준 스탠스	완화적, 금리 인하 예상	긴축적, 추가 인상 우려
물가 지표	하락 추세	급등 또는 고착

포트폴리오 리밸런싱과
매크로 분석

베타 투자의 핵심은 비중 조절력

베타 투자의 기본 원리는 시장과 동조화된 ETF를 중심으로 포트폴리오를 구성하는 것입니다. 하지만 진짜 수익을 만드는 구간은 언제나 '비중을 얼마나 적절하게 조절하느냐'에 달려 있습니다. 베타 투자에서 타이밍은 둘로 나뉩니다. 첫째로 리밸런싱 타이밍은 포트폴리오 내 비중 조절입니다. 둘째로 거시적 전환 타이밍은 매크로 환경이 바뀔 때 베이스 ETF 자체의 성격을 전환합니다.

리밸런싱의 기준: 시장을 어떻게 읽을 것인가

리밸런싱은 단순히 비중을 줄이거나 늘리는 게 아닙니다. 시장의 유동성 흐름과 거시 지표를 근거로 삼아야 합니다. 베타 투자자라면 객관적 데이터 기반의 동조화 체크리스트를 활용해야 합니다.

지표	의미	해석 포인트
M2 증가율	시중 유동성 흐름	증가→위험 자산 선호
TGA 잔고 감소	정부의 직접 지출 확대	감소→시중 돈 유입
국채 발행량	시중 유동성 흡수 여부	급증 시 유동성 빨아들임
FOMC 의사록·점도표	금리정책 방향	비둘기파→위험 자산 선호
실질 금리·명목 금리	투자 매력도 결정	실질 금리 마이너스→주식·자산 우위

위의 신호들을 종합해 유동성 공급 국면엔 TQQQ 같은 고베타 ETF로 확장하고, 유동성 긴축 국면엔 QQQ 또는 현금 비중을 확대하는 등 상황에 따라 전략적으로 대응하는 것이 고도화된 베타 전략입니다.

시장의 큰 흐름을 이해하라: 경기 vs 금리 사이클

경기 사이클의 상승기가 오면 주식 시장도 활황이 됩니다. 실적 기대감을 반영하기 때문에 위험 자산이 선호됩니다. QQQ, TQQQ, QLD 등 공격적 포트폴리오가 얼마든지 가능합니다. 그러다 금리 인상 사이클에 돌입하면 유동성이 축소됩니다. 현금의 가치는 높아지고 주식은 압력을 받습니다. 이때는 포트폴리오에서 주식 비중을 축소하고 현금을 우위에 두는 게 중요합니다. 이 두 사이클은 시차를 두고 엇갈릴 수 있습니다. 진정한 베타 투자자는 '경기 업, 물가 다운' 구간을 캐치할 줄 알아야 합니다. 제가 항상 강조하는 주식 투자 베타를 늘릴 타이밍이며, 이 시기에 적극적인 베타 확장이 이루어져야 합니다.

실전 전략: 포트폴리오 비중 조정의 예

투자는 방향을 맞추는 것도 중요하지만, 비중을 어떻게 태우느냐가 성과를 결정합니다. 저는 아래와 같은 시나리오를 추천합니다.

경제 상황	QQQ 비중	TQQQ 비중	현금
유동성 확대+경기 회복	30%	50%	20%
유동성 정체+경기 둔화	40%	30%	30%
금리 인상+유동성 축소	20%	10%	70%

전략적 베타 조절의 핵심은 TQQQ 중심의 유동적 운용

레버리지 ETF인 TQQQ는 높은 베타(3.5~4.0)를 갖고 있어 비중 조절만으로도 베타를 '정밀하게' 컨트롤할 수 있습니다. 그리고 베타를 컨트롤하는 것이 아레스 미국주식 베타 투자법의 핵심입니다. 고베타 상품을 조금만 추가해도 베타가 1이 되기에 TQQQ를 중심으로 운영합니다. 최적의 베타값은 일반적으로 3~4가 좋습니다. 그 이상은 너무 높은 베타값으로 변동성 끌림이 발생하므로, 4 이하의 베타값을 가진 주식에 투자하기를 추천합니다.

- 베타 조절 기본 공식

포트폴리오 베타 = 각 ETF의 베타 × 비중의 총합

보유 자산	비중	ETF 베타	기여 베타
TQQQ	30%	3.5	1.05
현금	70%	0	0
합계	100%	-	1.05

위와 같이 투자금의 30%만 TQQQ에 투자하면 전체 자산의 베타는 약 1입니다. 시장이 불안정할 때는 10~20%, 확신이 클 때는 40~50%까지 조절해 유연하게 대응합니다.

실전 시나리오: 상승장과 하락장의 TQQQ 활용법

경기가 회복되고, 물가가 안정되고, 금리가 정체 혹은 인하되면 주식 시장의 상승기가 찾아옵니다. 이때는 TQQQ 비중을 40~50% 이상으로 확대하며 공격적인 베타 확보에 나서세요. 상승장에서 지수 상승보다 빠른 수익률을 확보할 수 있고 양의 복리도 챙길 수 있습니다. 반대로 긴축이 지속되고, 실적이 악화되고, 유동성이 감소하면 주식 하락이 시작됩니다. 이때는 TQQQ 비중을 10% 이하로 축소하고, 현금을 70~90% 확보하세요. 하락을 방어하고 추후 하락 저점에서 물 타기 매수를 준비할 수 있습니다.

ETF 비교 확장

QQQ·QLD·TQQQ 특징

항목	QQQ	QLD	TQQQ
추종 지수	나스닥 100	나스닥 100(2x)	나스닥 100(3x)
목표 수익률	1배	2배	3배
변동성	보통	높음	매우 높음
MDD 위험	낮음	중간	매우 높음
베타값(추정)	1.1~1.2	2.2~2.4	3.5~4.0
레버리지 구조	없음	2배	3배
일간 추적 오차	거의 없음	있음	큼
장기 보유 적합성	높음	낮음	매우 낮음(전략적 보유 필요)
거래량·유동성	매우 우수	보통	우수

위와 같이 TQQQ는 절대 '한 방에 장기로 묻어 두는 상품'이 아닙니다. 하지만 현금 비중을 전제로 전략적으로 활용해 베타를 조절한다면 베타 투자에서 활용할 수 있는 QQQ나 QLD보다 더 낮은 리스크로 더 높은 수익을 기대할 수 있습니다.

타 전략의 진화: ETF로 만드는 유동형 포트폴리오

TQQQ를 중심에 두고 QQQ, 현금, 심지어는 채권 ETF(TLT)까지 활용하여 시장의 유동성 사이클에 따라 베타를 조절할 수 있습니다.

시장 상황	주요 포지션	베타 조절 전략
상승 초입 (매수 기회)	TQQQ 30~40%, 현금 60~70%	공격적 대응
과열 구간	TQQQ 20%, QQQ 40%, 현금 40%	리스크 분산
하락 초입	TQQQ 10% 이하, 현금 80% 이상	베타 축소, 방어적 대기
저점 근접	TQQQ 20~30%, TLT 10%, 현금 60%	선제적 매수 준비

베타는 비중 조절로 완성됩니다. QQQ는 꾸준한 우상향의 기반이 되는 ETF이지만 TQQQ는 전략적 무기입니다. 베타를 직접 컨트롤하고 싶다면 TQQQ 그 자체를 시세 레버리지 도구로 활용 가능합니다. 시장을 읽을 수 있다면 TQQQ는 적은 자본으로도 시장을 능가할 수 있는 도약판이 되어 줍니다.

투자자의 눈으로
세상을 읽는 법

왜 뉴스를 봐야 할까요? 왜 경제 뉴스 해석이 그토록 중요할까요? 베타 투자자는 단순한 ETF 보유자가 아니라 시장과 동조화하는 관찰자입니다. 그렇기에 신문 기사 한 줄, FOMC 위원 한 명의 발언, 예상치 못한 수치 하나가 포트폴리오 리밸런싱의 트리거(방아쇠)가 될 수 있습니다. 단, 뉴스 자체가 아니라 그것이 의미하는 변화를 읽어야 합니다.

기사가 말하는 사실과 시장 참여자가 느끼는 해석은 다릅니다. 베타 투자자는 언제나 '시장은 이 뉴스에 어떻게 반응할까?'를 고민해야겠죠. 가령 CPI(미국 소비자물가지수)가 전월 대비 0.3% 상승했다는 뉴스가 나오면 일반 독자는 물가가 또 올랐구나, 하고 반응합니다. 반면 베타 투자자는 '예상치보다 낮네? 연준의 긴축 완화 기대가 높아지겠다'고 생각해야 합니다. 경제 뉴스 해석을 위한 실전 프레임워크 셋을 추천합니다.

- 예상 vs 실제: 시장은 뉴스 자체보다 예상 결과에 반응한다.

예: 실업률 발표 → 예상 3.9%, 실제 4.2% → 경제 둔화 해석 → 금리 인하 기대 → 증시 상승 가능

- 단기 반응 vs 중기 방향성: 일시적인 숫자보다 정책 방향, 흐름의 지속성을 봐야 한다.

예: 일회성 좋은 지표 → 과잉 해석 경계

- 매크로 맥락에 연결하기: 물가 지표 하나도 금리 방향, 유동성 흐름, 경기 사이클에 연계해서 해석해야 한다.

예: PCE 둔화+소비 지표 약화 → 소비 냉각 → 연준 스탠스 변화 예측 가능

실전에 적용해 보면 'FOMC 점도표, 연내 두 차례 금리 인하 전망' 뉴스를 베타 투자자는 '레버리지 ETF 비중 점진적 확대 고려'로 해석할 수 있어야 합니다. '미국 국채 발행 계획 발표, 연간 2.1조 달러 규모' 뉴스는 '유동성 흡수 우려, 현금 비중 확대 신호'로, 그리고 '미국 실업률 4.2% 기록, 2년 내 최고' 뉴스는 '경기 둔화 조짐, 성장주보단 배당주 중심 포트 재조정 가능성'으로 해석해 내야 합니다.

뉴스는 '점'입니다. 그리고 투자자는 '선'을 그려야 합니다. 단편적인 기사보다 '어떤 흐름 속에 있는가?'를 봐야겠죠. 뉴스는 모든 사람에게 똑같이 공개되나 그것을 시장의 언어로 해석할 수 있는 사람만이 수익을 얻습니다. 뉴스를 읽되, 시장과 베타의 언어로 해석하세요.

시장 대응 로드맵:
현금 흐름을 읽고 포지션을 정하라

왜 '현금 흐름'을 읽어야 할까요? 시장에는 매일 수많은 뉴스와 지표가 넘쳐납니다. 하지만 모든 데이터를 통합하는 핵심 질문은 단 하나입니다. "지금 이 순간, 돈은 어디로 흐르고 있는가?" 베타 투자자는 시장의 '가격'보다 '방향'에 집중해야 합니다. 시장이 오르든 내리든 자금이 유입되고 있는지, 돈이 빠져나가고 있는지, 지금 시장은 위험 자산 선호 모드인지 아니면 리스크 회피 모드인지를 파악하세요.

자금의 흐름을 읽는 핵심 지표

베타 투자 전략은 단기 차트를 보는 기술이 아니라 큰 방향을 잡는 기술입니다. 이 지점에서 우리 베타 투자자들이 반드시 체크해야 하는 도구들이 있습니다.

구분	지표	해석
통화량	M2 증가율	시중에 풀린 돈이 얼마나 늘고 있는지
정부 예치금	TGA 잔고	재무부가 시장에 돈 뿌릴 준비를 하고 있는지
국채 발행	옥션 스케줄	시장에서 자금을 얼마나 흡수하는지
연준 회의록	FOMC 점도표	금리·긴축 스탠스가 어디로 향하고 있는지
금리 기대치	패드워치 툴, 실질 금리	시장이 금리 인하 혹은 인상을 얼마나 기대하는지
채권 수익률 곡선	2Y-10Y 스프레드	장기 vs 단기 금리 차로 경기·유동성 추정
달러 지수(DXY)	달러 강세는 전 세계 유동성 흡수, 약세는 유동성 확대	달러가 강하면 유동성 축소 국면, 약하면 유동성 완화 국면

아레스의 현금 흐름 체크리스트

아래 지표는 시장의 체온계와 같습니다. 가격보다 먼저 움직이며, 방향성을 잡아 줍니다.

지표	해석	시장에 주는 시그널
M2 증가	유동성 증가	자산 가격 상승 가능
TGA 잔고 감소	정부가 돈을 풀고 있음	단기 유동성 공급
국채 발행 많음	유동성 흡수	금리 상승 압력→주식 약세
FOMC가 비둘기파	긴축 완화 기대	위험 자산 선호 전환
달러 약세 전환	글로벌 유동성 확대	신흥국·미국 주식 상승 탄력

저는 다음과 같이 포지션을 정하기를 추천합니다.

- 위험 자산 선호 시그널

  : M2 증가세+TGA 감소+FOMC 완화+달러 약세→TQQQ·고

  베타 자산 비중 확대

- 유동성 경색 시그널

  : 국채 대량 발행+M2 축소+달러 강세+금리 역전→현금·단기 채

  권·저베타 ETF로 방어적 전환

- 리밸런싱 타이밍

  : 주기＝매월 1회, 분기 1회, 조건＝FOMC 발표·국채 입찰·달러 급

  변 시·VIX 급등 시 매수

시장에 대응하려면 가격보다 자금 흐름을 보세요. 현금 흐름은 시
장의 혈류와 같습니다. 흐름을 따라가면 자연히 방향이 보입니다.

실전 베타 투자 전략 시나리오: 언제 사고, 언제 팔 것인가

타이밍은 재는 것이 아니라 읽는 것입니다. 베타 투자는 종목 선정보다 시장 전체의 흐름을 타는 데 집중하는 전략이라고 했는데요. 그렇다면 언제 타고, 또 언제 내려야 할까요? 이 질문이 전략의 핵심이겠습니다. 이번 챕터에서는 베타 투자자의 타이밍 전략을 실제 시나리오 중심으로 풀어 보겠습니다.

여기에는 전제 조건이 있습니다. 베타 투자자의 리듬인데요. 먼저 경기 성장과 완화적 정책 시 공격적 베타를, 경기 둔화와 긴축적 정책 시 방어적 베타 또는 현금 중심을, 마지막으로 침체 국면 전조가 보인다면 리스크 자산을 축소하고 국채 ETF를 고려하는 것입니다.

케이스 스터디 1:
경기 회복+금리 인하 기대→공격적 베타 확대

- 가정: 미국 소비 지표 호조+PCE 물가 둔화+연준 의사록 완화적

- 베타 투자 전략: TQQQ, SOXL, NVDL 등 고베타 ETF 비중 확대,
  QQQ는 기본 자산으로 유지, 현금 비중 축소

- 해석 포인트: 유동성 공급 기대감→기술·성장주에 긍정적, 인플레 안
  정→실질금리 하락→밸류에이션 수용성 상승

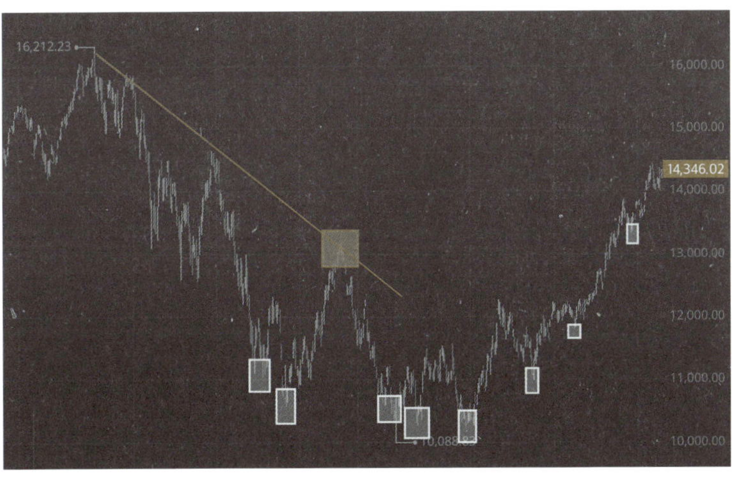

흰색 박스 부분이 아레스가 크게 매수했던 지점이다.

2022년 9~10월, 2022년 말, 2023년 초는 제가 베타를 크게 늘렸
던 시기입니다. 당시 연준의 스탠스가 점차 완화되고 있었고, 금리
경로 또한 인하를 가리켰습니다.

케이스 스터디 2:
물가 급등+매파적 연준→베타 중립 또는 축소

- 가정: CPI 급등+국채금리 급등+FOMC 점도표 상향

- 베타 투자 전략: TQQQ, SOXL, NVDL 등 고베타 ETF 리밸런싱, TQQQ→일부 현금화 또는 QQQM 등 저베타로 축소, SHV, BIL 등 단기채 ETF 비중 확대

- 해석 포인트: 고금리 지속→성장주의 할인율 상승→가격 하락 압력, 리스크 회피→현금 또는 단기 국채 선호

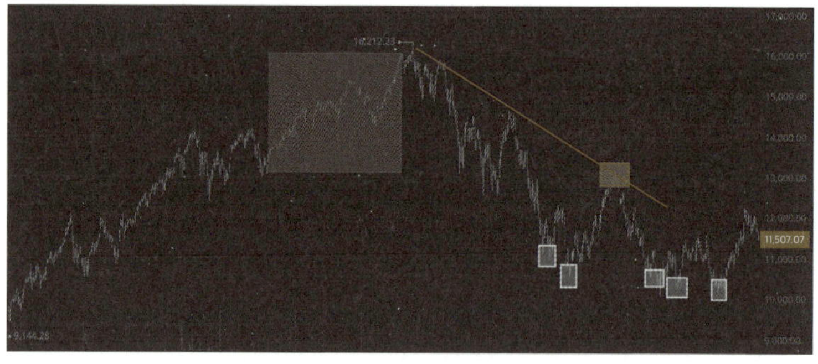

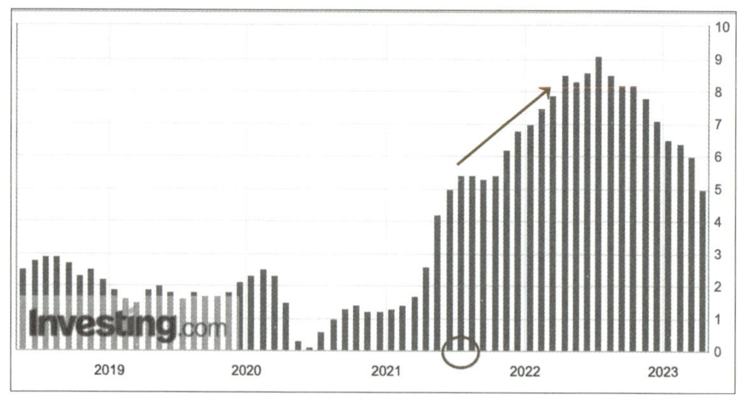

해당 시기(금색 박스)에 급격한 인플레이션이 있었다(위). 지표에서도 확연히 드러난다(아래).

2021년 주가가 급등하던 시절, 7월 CPI가 발표된 이후 제롬 파월은 인플레이션은 일시적이니 걱정하지 말라는 신호를 보냈습니다. 이후 안도했던 시장은 파월의 거짓말을 깨닫고 폭락하기 시작합니다. 때맞춰 걷잡을 수 없이 올라간 물가를 잡기 위해 파월은 유례없는 금리 인상을 단행합니다.

케이스 스터디 3:
침체 신호 감지→현금·채권 중심 전환

- 가정: ISM 제조업 45 이하 지속＋실업률 급등＋소비 위축(경기 다운, 물가 업)

- 베타 투자 전략: 전체 주식 ETF 비중 과감하게 축소, 일부 현금 비중 확보

- 해석 포인트: 경기 침체→금리 인하 기대가 생기기 전까지는 주식 하방 리스크 상승

케이스 스터디 4:
연준 피봇+자산 시장 반등 초입→점진적 진입

- 가정: 실업률 안정+연준 금리 동결+시장 금리 하락

- 베타 투자 전략: QQQ 등 기본 베타 ETF부터 소량 진입, 시장 바닥 확인 후 TQQQ, SOXL 등 고베타 ETF 재편입, 포트폴리오 리밸런싱 주기적으로 점검

- 해석 포인트: 긴축 종료 시점에서 주식은 빠르게 반등, 반등 초기엔 변동성 커짐→분할 매수+분산 전략 중요

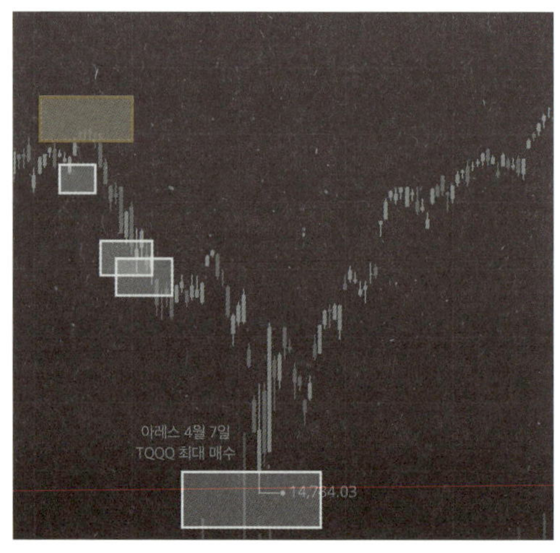

2025년 4월 7일 저는 최저점에서 매수했습니다(흰색 박스). 이후 나스닥은 계속해서 상승하고 있습니다. 파월은 금리 인하에 대해 더

강조했는데, 그의 금리 인하가 더 빨라질 수 있다는 이야기로 인해 시장은 상승 압력을 받았습니다.

베타 투자자의 매매 시그널

시그널	전략
M2 증가율 반등	유동성 확대→위험 자산 진입 고려
TGA 잔고 감소	시중 자금 공급 확대→주식 시장 우호
국채 발행량 급증	유동성 흡수 우려→보수적 운용
연준 금리 동결·인하 시사	고베타 ETF 확대 고려
실업률 상승+물가 둔화	침체 우려→국채 ETF 비중 확대

타이밍은 예측이 아니라 해석입니다. M2, CPI, TGA, 실업률, 국채 금리 등 모든 신호는 시장이라는 하나의 흐름을 이루고 있습니다. 베타 투자자는 여기 몸을 실어야 합니다.

경기 업, 물가 다운이
핵심인 이유

시장을 움직이는 두 가지 변수만 뽑으라고 하면 단연 경기와 물가입니다. 모든 경제 관련 지표와 시장의 방향성을 요약하면 단 두 가지 질문으로 압축됩니다. 첫째, 경기가 좋아지고 있는가(경제 성장)?, 둘째, 물가가 안정되고 있는가(인플레이션 둔화)? 이 두 흐름이 시장의 모든 자산 가격을 좌우합니다. 저는 두 변수의 조합으로 다음과 같은 시나리오를 만들었습니다.

경기	물가	시장 영향	투자 전략
상승	안정	최고의 시나리오	고베타 자산(TQQQ, SOXL 등) 확대
상승	상승	혼합 시나리오	섹터 선택, 가치주 선호, 방어적 전략
하락	안정	유동성 공급 기대	채권·저위험 자산 비중 확대
하락	상승	최악의 시나리오(스태그플레이션)	현금 비중 확대, 원자재·달러 선호

왜 계속하여 '경기 업, 물가 다운'을 외치냐고요? 이 조합은 시장이 리스크를 감수하고 싶어지는 환경을 뜻하기 때문입니다. 경기 회복은 기업 실적과 고용 증가로 이어지고, 물가 안정은 금리 인하와 유동성 확대를 유도하며 결과적으로 자산 가격 상승으로 이어집니다. 그리고 이 구간에서 가장 큰 수익률을 주는 자산이 고베타 ETF입니다. TQQQ, SOXL, NVDL, QLD 같은 ETF는 이 시기를 타이밍하는 핵심 도구입니다. 경기가 좋아지면 사람들은 소비하고, 기업은 돈을 벌고, 주식은 오릅니다. 그런데 물가가 너무 빨리 오르면 중앙은행이 시장을 압박합니다. 그래서 '경기 업, 물가 다운'은 투자자에겐 꿈의 시나리오죠.

이 타이밍은 어디서 확인할 수 있을까요? 저는 GDP 성장률, ISM 제조업지수, CPI·PCE 물가, 그리고 고용 지표(NFP)를 봅니다. 각각의 의미는 아래와 같습니다.

지표	의미	해석
GDP 성장률	경제 성장 속도	경기 회복 여부 판단
ISM 제조업지수	제조업체 경기 체감	50 이상이면 확장
CPI·PCE 물가	소비자물가 지표	물가 안정성 판단 기준
고용 지표(NFP)	노동 시장 상태	고용 증가=경기 강세

그리고 투자자의 포지셔닝은 다음과 같아야 합니다.

경기 vs 물가	포지션 예시
업·다운	TQQQ 40%, ETF 30%, 현금 30%
업·업	QQQ, 가치주 ETF 중심, 리스크 관리 병행
다운·업	달러, 금, 단기 채권 ETF로 회피 전략
다운·다운	TLT, SHY 등 안전 자산 위주 비중 확대

베타 투자자의 경기 사이클 활용법: 피델리티 비즈니스 사이클과의 매칭 전략

왜 경기 사이클을 봐야 할까요? 베타 투자는 시장 전체의 흐름을 타는 전략입니다. '시장'이 어디쯤 와 있는지를 보는 게 중요합니다. 그런데 시장은 경기 흐름의 그림자이니 우리는 경기 사이클을 이해하고, 지금 이 사이클의 어디에 있는지를 파악해야 합니다. 앞에서 피델리티 비즈니스 사이클은 경기 흐름을 네 단계로 나눈다고 했습니다.

피델리티 비즈니스 사이클별 ETF 전략

사이클	유망 자산	ETF 예시
회복기	고베타 성장주	TQQQ, SOXL, NVDL
확장기	대형 기술주, 가치주	QQQ, VOO, SCHD
둔화기	배당주, 방어주	XLU(유틸리티), XLV(헬스케어)
수축기	채권, 금, 현금	TLT, SHY, GLD

시장은 항상 위로만 가지 않습니다. 그러니 시장이 내려올 때를 대비해 '탄력'을 조절해야 합니다. 이것이 진짜 베타 전략입니다. 베타 투자자의 전략은 사이클에 따라 유연하게 조절됩니다. 현금 비중, 레버리지 강도, ETF 종류를 경기 흐름에 맞춰 적절하게 바꾸세요.

피델리티 사이클에 따른 아레스의 ETF 배분

사이클	베타 전략	TQQQ 비중	현금	방어 ETF
회복기	공격형	30~40%	30%	QQQ, NVDL
확장기	균형형	20~30%	40%	QQQ
둔화기	방어형	10~15%	50%	XLV, XLU
수축기	보수형	0~10%	60~70%	SHY, TLT

피델리티 사이클을 베타 전략의 나침반으로 생각하세요. 시장 상황을 읽고, 자산을 조절하는 게 중요합니다. TQQQ를 공격적으로 사용하되 경제 국면에 맞는 강도 조절이 필요합니다.

PART 6.

실제 투자 사례와
보조 지표 활용법

TQQQ+현금 비중 전략 vs
QQQ 백테스트 실전 비교

ETF 투자 시 사람들이 가장 먼저 떠올리는 종목이 QQQ입니다. 나스닥 100 지수를 추종하는 QQQ는 장기적으로 꾸준한 성장을 보여 왔으며, 지난 10년간 연평균 13% 내외의 높은 수익률을 기록했습니다. 그러나 QQQ가 언제나 최선의 선택인 것은 아닙니다. 특히 시장 리스크를 효율적으로 관리하면서도 수익률을 극대화하려는 투자자에게는 더 나은 대안이 존재합니다. 바로 'TQQQ+현금' 전략입니다.

QQQ보다 TQQQ+현금이 유리한 이유

TQQQ라고 하면 막연히 위험하다고 여기는데요. 실제로 TQQQ는 3배 레버리지 상품이고, 큰 하락장에서는 -70% 이상의 낙폭을 보이기도 합니다. 하지만 중요한 건 '어떻게 활용하느냐' 아닐까요? 전액 TQQQ에 투자하는 게 아니라 일정 비중만 투자하고 나머지를 현금으로 보유한다면 TQQQ는 리스크가 아닌 기회가 될 수 있습니다. 이 전략은 QQQ만큼의 수익성을 추구하면서도 급락장에서는 보유하고 있던 현금을 통해 저점 매수가 가능하다는 결정적인 장점이 있습니다.

아레스의 TQQQ 베타 투자 전략

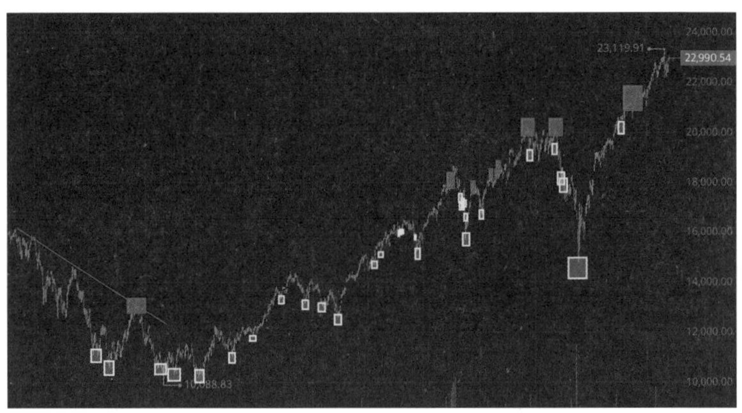

아레스가 실제 매수했던 기록들.

위의 나스닥 차트는 제가 실전에서 TQQQ 투자 비중을 조절했던 시점을 보여 줍니다. 흰색 박스는 베타를 확대했던 시점, 즉 TQQQ를 적극 매수했던 구간입니다. 반면 금색 박스는 베타를 축소하며

TQQQ 비중을 줄였던 구간이고요. 결코 감정적으로 이루어진 리밸런싱이 아닙니다. RSI, 변동성, 추세선, 시장 뉴스 등 다각적인 분석을 바탕으로 정량적 기준에 따라 계획적으로 실행되었습니다. 결과적으로 고점에서는 리스크를 줄이고, 저점에서는 수익을 극대화했고요.

아레스의 TQQQ+현금 비중 전략

전략	연평균수익률	최대 낙폭	전략 개요
TQQQ 33%+현금 67%	약 18~22%	약 -20%	리밸런싱 포함, 효율적 베타 조절
QQQ 100%	약 12~14%	약 -35%	고정 포지션, 리스크에 비해 효율 낮음
TQQQ 100%	약 26~28%	-70% 이상	극단적 수익과 리스크, 숙련자용 전략

백테스트 결과는 명확했습니다. 'QQQ보다 수익률은 높고 리스크는 낮다.' 무엇보다도 단기 예측이 아니라 장기적인 구조적 접근에 기반했습니다. 이 전략이 유효한 이유는 세 가지입니다. 첫째, TQQQ는 베타가 높습니다. (총 투자금 1억 원 중) 3,000만 원의 TQQQ 투자가 QQQ 전액 투자와 비슷한 시장 노출을 제공합니다. 둘째, 하락장에서는 유동성이 생명입니다. QQQ를 100% 보유한 포트폴리오는 추가 매수가 불가능하지만 현금을 보유한 TQQQ 전략은 하락장에서 추가 매수를 통해 오히려 평균 단가를 낮출 수 있습니다. 셋째, 수익률 측면에서 확실히 우위에 있습니다. TQQQ를 전액 매수하는 고위험 전략보다는 TQQQ와 현금을 병행하는 전략이

'고수익-저변동성'의 균형을 유지할 수 있습니다.

아레스의 기본 포트폴리오 구성 추천은 모든 시장 기준 베타가 기본 1 이상에서 TQQQ 20~33% 기본(최저)으로 확보, 현금 67~80%입니다. 리밸런싱 조건은 과매도·과매수를 기준으로, RSI가 35 이하면 TQQQ 비중을 확대하고, RSI가 70 이상이면 TQQQ 비중 축소 또는 현금화하기를 권하고요. 이와 같은 규칙 기반 대응은 감정적인 실수를 줄여 주며, 변동성을 수익의 기회로 바꾸는 역할을 합니다. TQQQ는 위험한 ETF가 아닙니다. 잘만 다루면 QQQ보다 훨씬 더 유리한 수단이 되어 줍니다. 핵심은 비중 조절과 리밸런싱에 있습니다. 과거에 시장은 이 전략에 보답해 주었고, 향후에도 시장 변화에 유연하게 대응할 수 있으리라 예측합니다. QQQ만으로는 얻을 수 없는 기회가 'TQQQ+현금 전략'의 진짜 가치입니다.

3배 레버리지 ETF의
맹점과 대응법

3배 레버리지 ETF는 단기간에 높은 수익을 가능하게 만드는 강력한 투자 도구입니다. 그러나 이 강력함은 양날의 검과 같습니다. 적절히 사용하면 수익의 레버리지를 극대화할 수 있지만, 잘못 다루면 원금의 급격한 감소로 이어지죠. 여러 투자자가 이 점을 간과한 채 '3배 더 오른다'에만 집중하여 장기 투자에 나섰다가 실패를 겪습니다. 지금부터 3배 레버리지 ETF의 구조적 한계와 그로 인해 발생하는 대표적인 리스크들, 그리고 아레스 베타 투자법이 이와 같은 단점을 어떻게 보완하는지를 이야기하겠습니다.

3배 레버리지 ETF의 구조적 맹점: 변동성 끌림

가장 널리 알려진 레버리지 ETF의 한계는 '변동성 끌림'입니다.

나스닥 100 지수가 오늘 +1%, 다음 날 -1%를 반복한다고 가정해 보겠습니다. QQQ는 이틀 후 거의 본전 수준을 유지하지만 TQQQ는 +3%, -3%를 반복하며 손실이 누적됩니다. 지수가 박스권에서 등락을 반복하면 TQQQ는 시간이 지날수록 성과가 나빠진다는 것이 변동성 끌림의 본질이죠.

레버리지 ETF는 방향성보다 경로 의존적

일반 ETF는 시작점과 끝점 사이의 가격 변화로 수익률이 결정됩니다. 반면에 레버리지 ETF는 '그 사이의 경로', 즉 변동성의 패턴과 순서에 따라 결과가 완전히 달라지는데요. 같은 상승률이라도 중간에 큰 조정이 한 번 껴 있느냐 없느냐에 따라서 최종 수익률은 엄청난 차이를 보입니다. 그래서 방향성 예측만으로는 레버리지 ETF를 제대로 활용할 수 없습니다.

경로 의존성과 변동성을 기회로 바꾸는 법

아레스 베타 투자법은 이런 문제들을 정확히 인식하고 다음과 같은 방식으로 대응합니다.

베타 분할 투자

TQQQ를 100% 투자하는 대신 자산의 30~40%만 TQQQ에 노출하고, 나머지를 현금으로 보유합니다. 이렇게 하면 변동성 끌림의 영향을 구조적으로 줄이고, 나스닥 조정 시 하방 리스크를 방어할 수 있습니다.

리밸런싱 타이밍

정기 리밸런싱이 아닌 시장 변동성과 기술 지표(RSI, MACD, VIX 등)를 활용하여 고평가 시기에는 TQQQ를 줄이고, 저점 근접 시기에는 TQQQ 비중을 다시 확대합니다. 앞에서 다룬 지표들과 매크로 데이터를 살펴보고 리밸런싱을 진행합니다.

박스권 장세 회피

박스권 장세에서 변동성만 크고 방향성 없는 흐름은 TQQQ에 불리합니다. 이런 구간에서는 큰 베팅을 지양하고, 원하는 조건일 때만 베팅을 진행합니다. 이 전략은 시간 경과에 따른 마이너스 누적을 방지해 주죠.

하락장 중 매수 시점 분할 진입

투자금 중 70%를 현금으로 보유하고 있다면 하락장에서 일정 간격으로 나누어 TQQQ를 분할 매수할 수 있습니다. 이 방법으로 '수익률 평균 단가 하락 효과'를 극대화할 수 있고요. QQQ 올인 전략과 차별화되는 지점입니다.

장기적 성과는 진입 시점보다 구조에 있다

수많은 투자자가 '언제 (시장에) 진입하느냐'에 매달립니다. 하지만 저는 '어떤 구조로 (시장에) 대응하느냐'에 집중합니다. 그 이유는 첫째, TQQQ 100%는 장기 보유 시 변동성에 취약합니다. 둘째, QQQ 100%는 리스크는 낮지만 상승 탄력에 제한을 받습니다. 셋째, TQQQ 30%＋현금 70%는 수익률, 유동성, 방어력까지 삼위일체를 이룹니다. 아레스 전략은 시장의 구조적 흐름에 맞춘 베타 '조절'의 예술입니다.

고수익은 고위험이 아니라 고정밀입니다. 물론 3배 레버리지 ETF는 대부분의 개인 투자자에게는 여전히 '폭탄'입니다. 그러나 그것을 어떻게 다루느냐에 따라 때로는 '로켓'이 될 수 있습니다. 아레스 베타 투자법은 TQQQ라는 로켓을 장착하되, 출발 시점과 방향, 연료(현금), 안정 장치(리밸런싱)를 철저히 점검하며 비행합니다.

베타 투자자를 위한
보조 지표 활용법

　시장 타이밍을 읽는 눈은 생각보다 중요합니다. 베타 투자자는 시장 전체의 흐름을 타고 수익을 추구하는 전략가이기 때문이죠. 따라서 시장의 심리와 흐름을 읽을 수 있는 보조 지표는 판단의 강력한 도구일 수밖에 없습니다. 제가 활용하는 몇 가지 핵심 지표를 소개합니다. 단, 보조 지표는 매매 판단 시 '보조'로만 활용해야 합니다. 매수 및 매도 판단의 중요 이유가 되면 안 됩니다.

RSI

　RSI**Relative Strength Index**(상대강도지수)는 '과매수' 또는 '과매도' 구간을 식별하는 데 유용한 기술 지표입니다. 범위는 0~100 사이입니다. 다. 보통 기준선이 70 이상이면 과매수 구간(너무 많이 올라 단기 조정이 우려됨)이고, 30 이하면 과매도 구간(너무 많이 떨어져 반등 가능성이 있음)입니다. TQQQ처럼 변동성이 큰 ETF에서 RSI를 활용하면 비중을 늘리거나 줄이는 구간을 판단할 때 도움받을 수 있습니다. 저는 보통 RSI가 30~40을 하회할 때를 '과매도'라고 판단합니다.

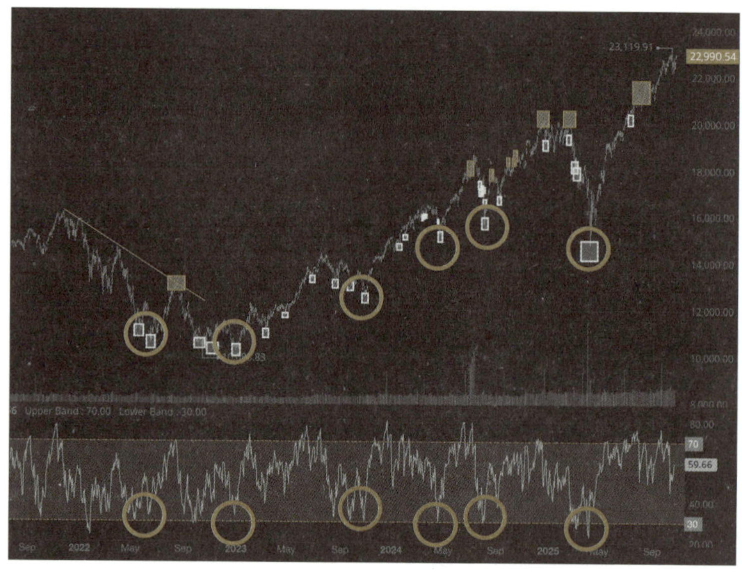

아레스가 매수했던 지점과 RSI를 보면(하단 원), RSI는 주로 저점 부근이었다.

위 차트에서 제가 매매했던 지점과 RSI를 비교했을 때, 30 부근 혹은 이하가 많았습니다. RSI 지표가 언제나 100% 정확하진 않지만 과매수보다는 과매도 부근에서 시장은 항상 좋은 수익을 가져다주었습니다. 반대로 RSI가 70을 초과하면 매수에 신중해질 수밖에 없습니다. 다만 하방에서 주는 RSI 신호보다는 부정확합니다(매도가 더 어려운 이유 중 하나).

MACD

MACD_{Moving Average Convergence Divergence}(이동평균 수렴·발산)는 단기 이동평균선과 장기 이동평균선의 차이를 기반으로 만들어진 지표입니다. MACD 선이 시그널 선을 상향 돌파하면 상승 전환 신호이고, 하향 돌파하면 하락 전환 신호입니다. 그리고 다이버전스_{Divergence}(지수는 상승하지만 MACD는 하락하는 것)는 경고 신호로 받아들이면 됩

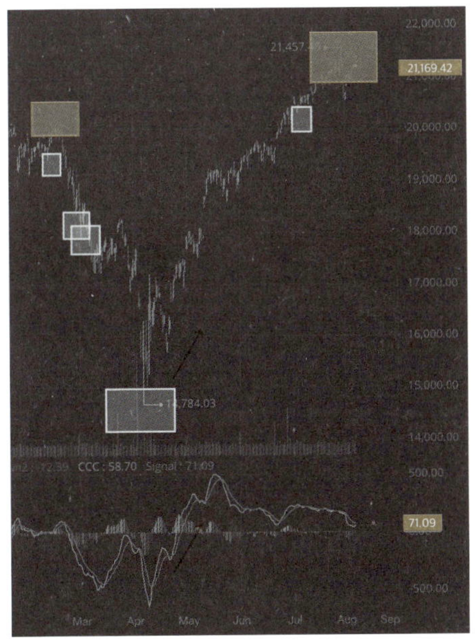

MACD 지표와 매수 타이밍을 보여 주는 차트.

니다. MACD는 트렌드 전환을 파악하는 데 탁월한 도구로, 특히 장기 매매 전략을 잡을 때 유용합니다. 앞 페이지 차트를 보면 알 수 있듯이 2025년 4월 7일, 제가 TQQQ를 $36.48로 저점 매수에 성공했을 때 MACD 지표는 바닥을 향하고 있었습니다. 당시는 상승으로의 본격적인 전환이 이루어지던 시기였습니다.

MFI

MFI**Money Flow Index**(자금흐름 지표)는 거래량을 고려한 RSI로, 실제 자금이 들어오고 나가는 흐름을 추적합니다. 80 이상이면 자금이 과도하게 들어온 과열 신호이고, 20 이하면 자금이 빠져나간 침체 신호로 저가 매수 기회입니다. 특히 ETF에 거래량 급증과 가격 상승이 동시에 나타날 때, MFI가 강력한 신호를 보냅니다.

맥클레란 오실레이터

맥클레란 오실레이터**McClellan Oscillator**는 증시 전체의 브레스**breadth**(상승·하락 종목 수 비율)를 보여 주는 지표입니다. +100 이상이면 과열, -100 이하면 극단적 공포를 뜻합니다. 이 지표는 개별 주식보다 시장 전체의 강도를 파악하기에 유리합니다. 시장 전체가 너무 많이 떨어졌을 때 저점 매수 기회를 포착하는 데 주로 사용됩니다.

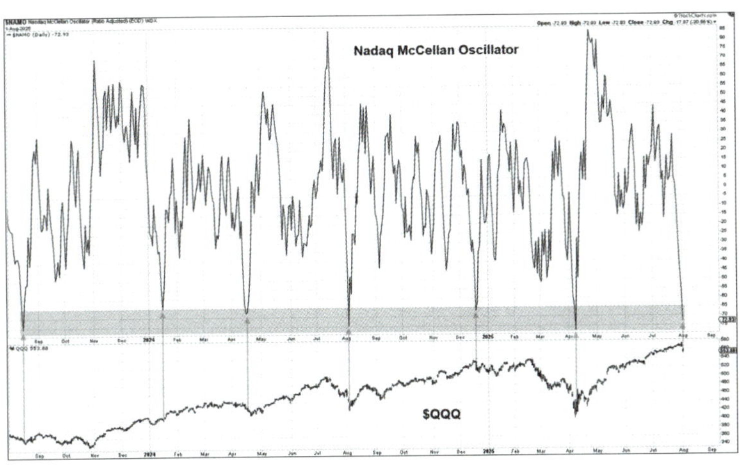

위 차트를 보면 나스닥 QQQ 저점 부근에서 맥클레란 오실레이터 또한 저점을 기록했습니다.

공포와 탐욕 지수

공포와 탐욕 지수Fear and Greed Index는 CNN에서 발표하는 대표적인 시장 심리 지표로, 0~100까지의 수치로 표시됩니다. 0~25는 극도의 공포로, 저점 매수 기회입니다. 그리고 일반적인 공포, 중립, 일반적인 탐욕을 지나 75~100은 극심한 탐욕을 뜻하는데요. 이때 차익을 실현하거나 비중 축소를 고려해야 합니다. 베타 투자자에게 이 지표는 리스크를 판단하고 타이밍을 조절할 때 중요한 판단 기준이 됩니다.

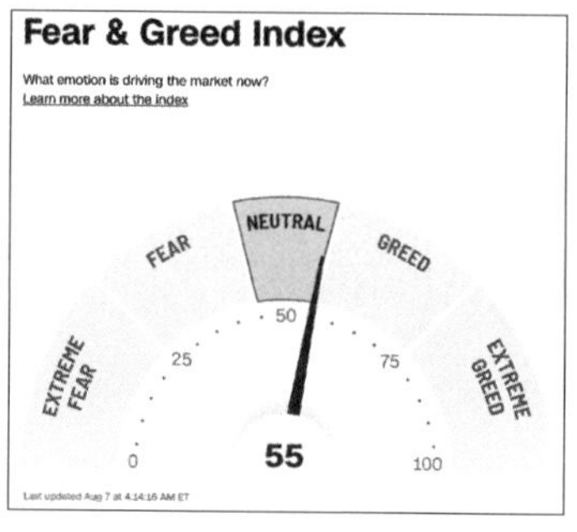

공포와 탐욕 지수는 간편하게 시장 심리를 알아볼 수 있는 지표로, 간단히 말해 현재 시장 심리가 극도의 공포 단계일 때 매수하면 됩니다.

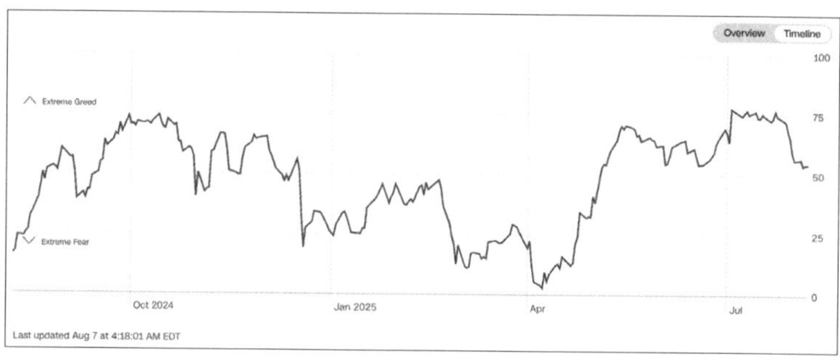

공포와 탐욕 지수의 변동.

2025년 4월 7일, 제가 제일 바닥에서 TQQQ를 매수했을 때 공포와 탐욕 지수는 3까지 하락했었습니다. 코로나 폭락 때는 0까지 내려갔었죠. 매수 안 할 이유가 없었습니다.

버핏 지수

버핏 지수Buffett Indicator는 전체 주식 시가총액÷GDP 비율로 구성됩니다. 100%를 초과하면 고평가(경고 구간)이고, 70% 이하면 저평가(기회 구간)입니다. 워런 버핏은 이 지표를 활용해 시장 전체가 비싼지 싼지를 판단한다고 합니다. 장기 투자자에게는 시장 전반의 밸류에이션 레벨을 이해할 수 있는 유용한 도구입니다.

버핏 지수는 그의 나이만큼이나 오래된 지표라 시장 트렌드를 따라간다고 보기에는 다소 어려운 지점이 있습니다. 그래도 이전 상황과의 비교를 통해 현재 주식 시장 상황이 어떤지 가늠하기 좋습니다. 직접적인 매매에 사용한다기보다는 분위기를 파악하는 데 도움됩니다.

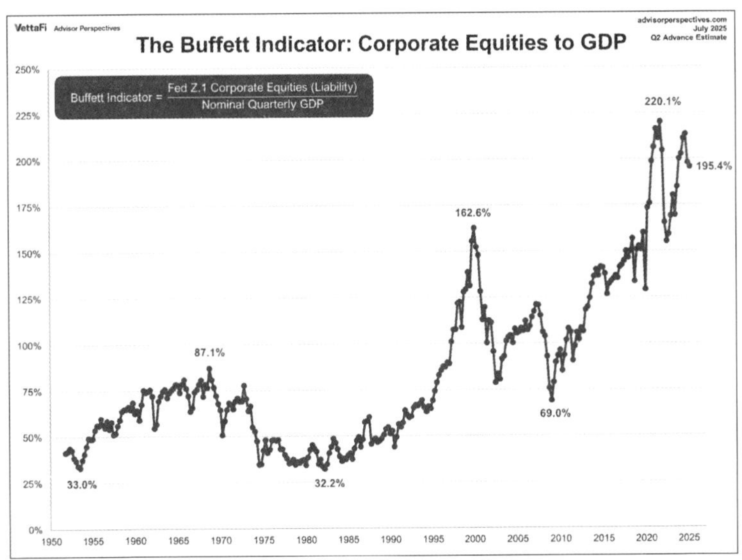

앞 페이지의 차트를 보면 2025년 7월 버핏 지수는 195%입니다. 전체 주식 시장 시가총액이 미국 GDP의 2배 정도라는 뜻입니다.

이 중 저는 RSI와 공포와 탐욕 지수를 많이 참고합니다. TQQQ 를 매수할 때 RSI가 30 근처로 떨어지거나 공포와 탐욕 지수가 극도의 공포(25 이하)를 보일 때 매수합니다. 반대로 RSI가 70 이상으로 과열되거나 공포와 탐욕 지수가 80을 넘길 때는 비중을 줄이거나 현금화를 고려합니다. 다만 이들은 정확한 예측이 아닌 '확률 싸움에서의 유리한 포지션'을 제공하는 역할입니다. 여러 지표를 종합적으로 판단하고, 시장 상황과의 리밸런싱을 병행해야 합니다.

S&P 500의 계절성: 반복되는 리듬을 이용하라

주식 시장은 무작위로 움직이는 것처럼 보이지만 자금 유입·회계·소비·정책 등의 일정이 반복되면서 연중 리듬이 생깁니다. 이와 같은 S&P 500의 계절성은 '언제 베타를 높이고(공격), 언제 낮출지(방어)'를 가늠하게 해 주는 실전 나침반입니다.

오른쪽은 20년 이상의 누적 데이터를 기반으로 S&P500 지수의 계절성을 정리한 그래프입니다. 3월에는 안 좋고, 이후 불확실성이 해소되어 상승하다, 9월과 10월에 다시 하락하고, 크리스마스 전후에 산타 랠리를 거치며 상승하는 경향이 있습니다.

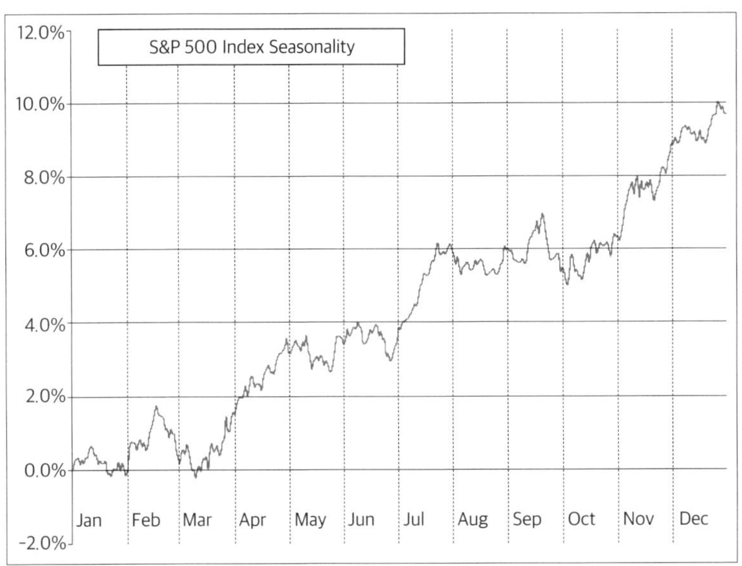

1월 효과: 새해 자금의 밀물

연금401(k), 기관 리밸런싱, 세제 이월 매수, 새해 투자 결심이 겹쳐짐으로써 기계적 매수가 발생합니다. 이 시기에는 '나쁜 뉴스에 덜 빠지고, 좋은 뉴스에 더 오르는'데요. 연말에 미리 현금을 마련해 두고, 12월 말에서 1월 초에 베타를 1에서 1.5로 슬쩍 올려 탄력을 확보하는 것도 좋은 전략입니다.

2~3월: 실적·가이던스와 정책 변수의 충돌

기업 실적과 연간 가이던스, 분기 말·예산 협상 등으로 변동성이 확대됩니다. 좋은 기업은 더 강해지고, 약한 기업은 밀리죠. 베타를 유지($\approx$1)하거나, 확신이 낮다면 베타를 0.8~0.9로 미세 하향하는 것

도 방법입니다. 공포 급등 시 분할 매수하거나 베타를 공격적으로
확대해도 좋습니다.

4~5월: 성장 피크 인식 구간

"Sell in May"라는 말도 있지만 최근 10년 동안에는 빅테크 실적
랠리가 5월까지 이어지는 경우가 많았습니다. 실적 시즌 서프라이즈
확인 시 베타를 1.5에서 2.0로 확대하고, 반대의 경우 유지하세요.

6~9월: 여름 비수기와 약세 빈번

기관 참여가 줄고, 실적과 이슈 공백이 생깁니다. 특히 8~9월은
통계상 약세 빈도가 가장 높습니다. 이때는 베타를 단계적으로 축소
(0.7~1.0)하세요. 하락장 바닥 탐색 시 현금으로 탄환을 확보하여 바
닥(9~10월) 베타 확보 및 공격적 매수가 전략입니다.

10~12월: 4분기 랠리, '윈도우 드레싱'

연말 쇼핑 시즌이 도래함에 따라 실적 기대가 높아집니다. 여기에
기관의 연말 성과 관리 매수 시즌이기도 합니다. 신고가 갱신이 빈
번하죠. 데이터 확인 후 베타를 가속(1.5~2.0)해도 좋습니다. 과열 신
호 때는 일부 리밸런싱하고, 매도 후에는 현금 비율을 확대하세요.

계절성은 '정답표'가 아니라 확률 지형도입니다. 저는 M2, TGA,
국채 수급, FOMC 톤과 결합해 베타 타이밍을 잡습니다.

고점과 저점 판단 기준

제가 주로 보는 기술 지표들로 시장의 고점과 저점을 판단해 보겠습니다. 이 책에서는 저점을 기준으로 잡았으며, 지표들을 뒤집으면 고점 판단 기준이 됩니다.

기하급수적으로 늘어나는 숏 베팅

아래 차트를 보면 2025년 11월, 나스닥 QQQ의 반대에 '3배' 베팅하는 SQQQ 순유입이 무려 120억 달러였습니다. 2010년 이후 가장 큰 1일 유입이었습니다. 숏 베팅은 하락에 베팅하는 것인데요. 여기 베팅하는 사람들이 많아진다는 것은, 한편으로 그 반대쪽으로 오를 확률이 더 높아진다는 뜻이기도 합니다. 뭐든 반대급부를 고려해야 합니다. 숏 베팅은 커버링해야 하고, 결국 롱베팅으로 바뀔 확률이 매우 높습니다.

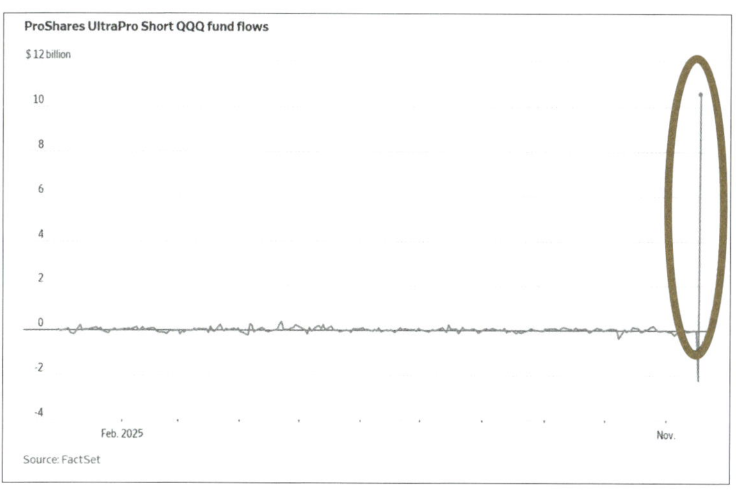

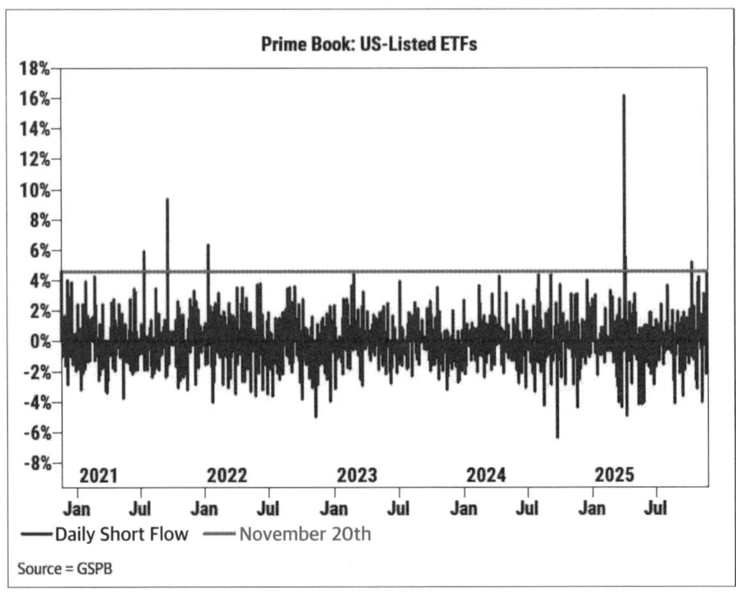

공매도 포지션이 4.6%로 급등했다. 2025년 기준 가장 큰 상승 폭이다.

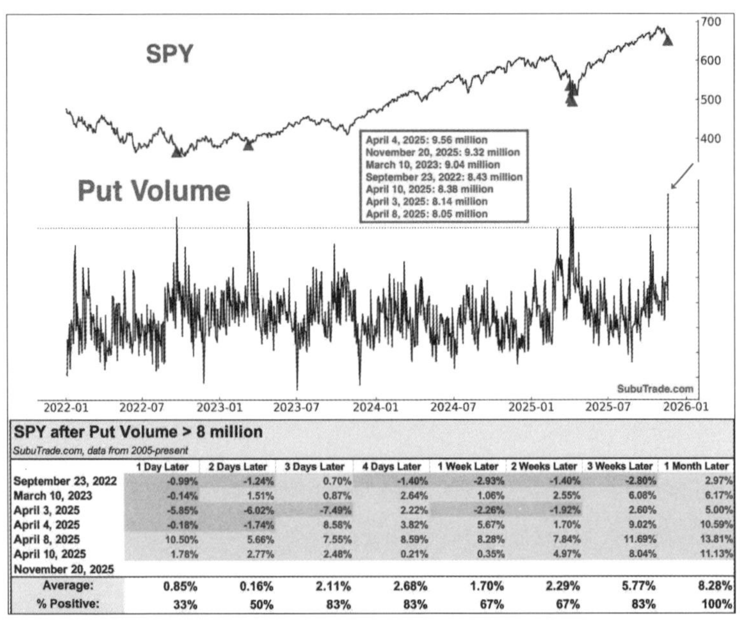

SPY after Put Volume > 8 million							
SubuTrade.com, data from 2005-present							
	1 Day Later	2 Days Later	3 Days Later	4 Days Later	1 Week Later	2 Weeks Later	3 Weeks Later	1 Month Later
September 23, 2022	-0.99%	-1.24%	0.70%	-1.40%	-2.93%	-1.40%	-2.80%	2.97%
March 10, 2023	-0.14%	1.51%	0.87%	2.64%	1.06%	2.55%	6.08%	6.17%
April 3, 2025	-5.85%	-6.02%	-7.49%	2.22%	-2.26%	-1.92%	2.60%	5.00%
April 4, 2025	-0.18%	-1.74%	8.58%	3.82%	5.67%	1.70%	9.02%	10.59%
April 8, 2025	10.50%	5.66%	7.55%	8.59%	8.28%	7.84%	11.69%	13.81%
April 10, 2025	1.78%	2.77%	2.48%	0.21%	0.35%	4.97%	8.04%	11.13%
November 20, 2025								
Average:	0.85%	0.16%	2.11%	2.68%	1.70%	2.29%	5.77%	8.28%
% Positive:	33%	50%	83%	83%	67%	67%	83%	100%

풋 볼륨이 기하급수적으로 증가했다. 표를 보면 풋 볼륨이 800만 이상으로 증가한 후, 한 달 뒤 100% 상승했음을 알 수 있다.

공포와 탐욕 지수 급락

공포와 탐욕 지수가 극단적인 공포 단계에 진입했다면 저점 부근일 가능성이 큽니다. 이 지수는 마켓 모멘텀, 변동성, 정크 본드 등 매수와 매도 관점에서 사람들이 환희에 차 있는지, 공포에 사로잡혀 있는지를 보여 주는 가장 적절한 지표입니다. 저 또한 저점을 잡을 때 대부분 익스트림 피어, 즉 극단적인 공포에서 잡았습니다.

빅스 지수 발작

제가 2025년 4월 최저점에서 TQQQ를 매수했을 때, 빅스vix 변동성 지표가 큰 도움이 되었습니다. 무려 60까지 치솟았는데, 몇 년에 한 번 있을까 말까 한 기회였죠. 이런 급등은 드물기 때문에 용기

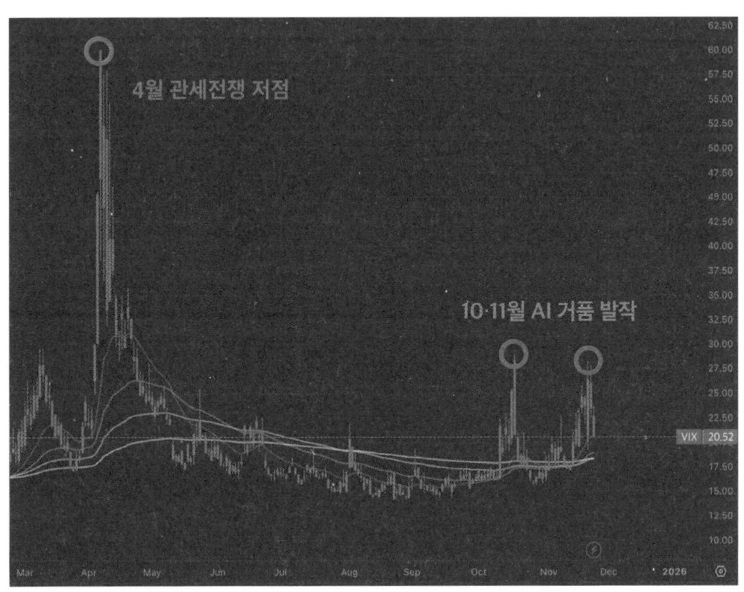

를 냈었습니다. 마찬가지로 빅스가 30 근처까지 상승하면 발작이 일어났다는 신호로 사용합니다. 평소에는 잠잠한 빅스이기 때문에 기관이나 사람들은 숏 베팅을 많이 합니다. 빅스가 급등하면 빅스 숏 베팅을 해야 하고, 이는 주식 매수 포지션으로 이어지기 때문에 빅스가 오른다고 겁낼 게 아니라 언제 떨어질지 걱정해야 합니다. 빅스가 떨어지는 것은 필연이고, 그때가 주식이 반등하는 시점이기 때문입니다.

인간 지표

흔히 주식 시장의 방향성과 반대로 말하는 사람들을 '인간 지표'라고 합니다. 유명인 아니어도 주변 이야기를 조금만 주의 깊게 살펴보면 저점과 고점을 생각보다 쉽게 판단할 수 있습니다. 버스나 지하철에서 승객들이 업비트 차트를 보고 있으면 고점일 확률이 높죠. 진정한 투자자, 즉 베타 투자자는 언제나 대중과 반대편에 서야 합니다. 주식 시장에서 돈을 버는 사람들은 상위 1%이기 때문이죠. 대중과 같은 방향을 바라본다면 투자에서 성공할 수 없습니다.

세계적으로 유명한 주식 방송 진행자 짐 크레이머는 페이스북(메타)이 하루 만에 24% 폭락했을 때 울먹이면서 자신이 틀렸다고 했습니다. 하지만 그때가 메타의 저점이었죠.

베타 투자법에서 베타를 자유자재로 활용할 수 있는 것은 시장이 극도로 과매수되었는지 아니면 과매도되었는지 판단하는 것에서부터 시작됩니다. 한마디로 쌀 때 사고 비쌀 때 팔 수 있어야 하는데요.

남들과 반대로 하면 됩니다. 사람들은 보통 주식이 오를 때 사고 주식이 떨어지면 공포에 사로잡혀 팔기 때문입니다. 그러나 언제나 시장과 동조화하며, 심리적 극단 구간에서 움직이고, 변화의 타이밍을 읽어야 합니다. 그것이 '통찰력 있는 전략'입니다.

아레스의 투자 전략
실전 사례

지금까지 TQQQ를 중심으로 한 레버리지 ETF 전략과 아레스 베타 투자법의 이론적 기반을 다루었습니다. 이제 실전으로 돌입하여 제 실전 리밸런싱 기록을 기반으로 이 전략이 어떻게 작동했는지 살펴보겠습니다.

리밸런싱 타이밍

아래 나스닥 100 지수 차트의 흰색 박스는 제가 TQQQ 비중을 늘린 시점이고, 금색 박스는 TQQQ 비중을 줄이거나 현금화, 혹은 QQQ 비중을 늘린 시점입니다. 절대 직관만으로 결정한 것이 아니라, 다음과 같은 신호들을 근거로 리밸런싱을 실행했습니다.

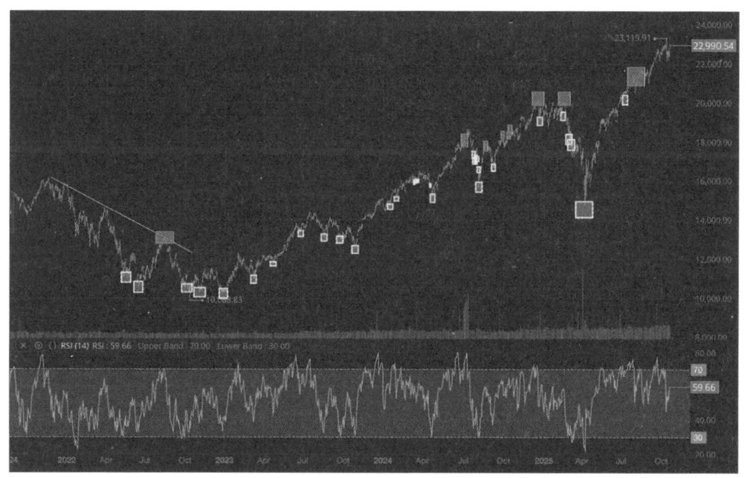

- 시장 과열 지표: RSI 70 이상

- 기술 지표: MACD 데드 크로스, 50일선 이탈 여부

- 매크로 이벤트: 연준 금리 결정, 인플레이션 지표(경기, 물가) 발표, 주
  요 기술주 실적 발표

리밸런싱 패턴

다음으로 저의 리밸런싱 기록을 정리한 데이터를 보겠습니다. 2024년 12월 16일, 아레스의 네이버 프리미엄 콘텐츠 채널의 첫 글로 저는 매도 계획을 다루었습니다. 이때 S&P 500은 정확히 6,147 고점을 찍었고, 저는 10p 내외로 고점에 대한 판단을 진행했습니다.

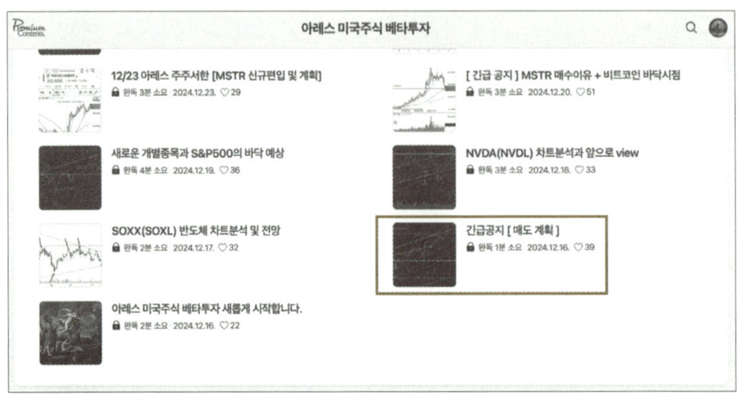

시기	지수 추이	리밸런싱 결정	비중 변화 (TQQQ:현금)	주요 근거
2023년 10월	하락세 지속, 나스닥 -12%	매수 확대	70:30→50:50	VIX 고점, RSI 30 근접
2024년 1월	반등 시작, AI 테마 급등	비중 추가	TQQQ, TSLA 등 추가 매수	추세 지속 판단
2024년 4월	급등 후 조정 신호	비중 추가	TQQQ, TSLA 등 추가 매수	지표 안정화, 반등 지속 확인
2024년 7월	조정 후 최고치	매도 신호	40:60→50:50	RSI 75 돌파, 실적 시즌 피크
2024년 12월	최고점 피크	매도 신호	네프콘 S&P 500 최고점 저격	구독자 베타 축소 추천

해당 구간에서 저는 베타를 줄이는 쪽으로 주문했고, 실제로 S&P 500은 올 타임 하이(6,147에서 ATH 달성)를 찍고, 4개월간 트럼프발 관세 폭락을 시작했습니다.

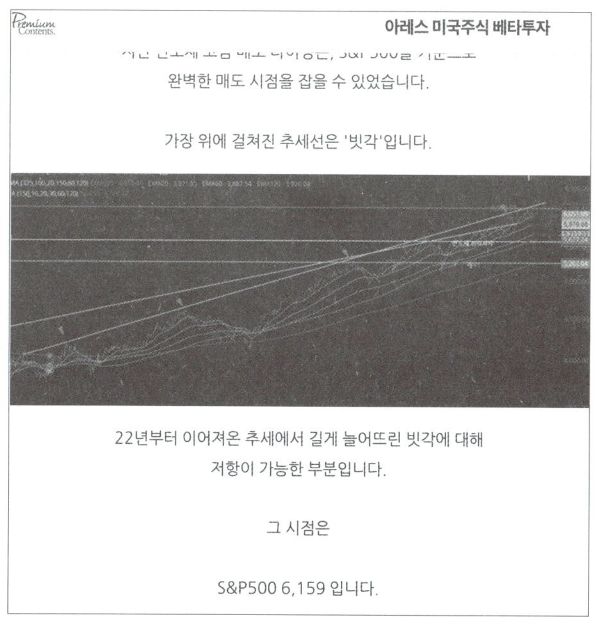

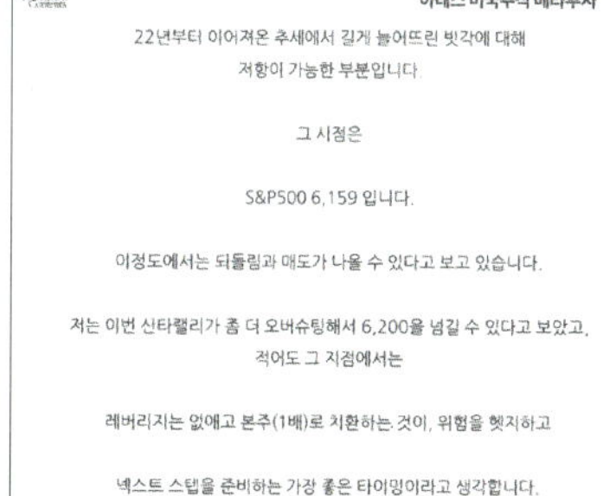

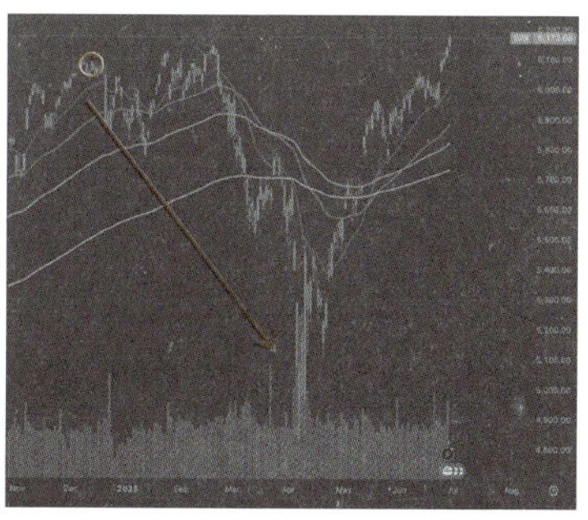

'6,159'를 언급했을 때 그 부근이 최고점이 되었고, 이후 폭락했다.

성과 분석: QQQ vs TQQQ+현금

QQQ를 동일 기간 보유한 것과 단순 비교했을 때 TQQQ + 현금

을 추구하는 제 전략은 수익률과 리스크 모두에서 유의미한 차이를
보였습니다.

비교 항목	QQQ 100% 보유	TQQQ 33%+ 현금 67%	리밸런싱 적용 후
최대 낙폭(MDD)	-26%	-14%	-11%
총 수익률 (24개월)	+42%	+39%	+61%
연평균수익률 (CAGR)	약 19.2%	약 18.4%	약 27.7%
리스크 대비 수익률(샤프 비율)	낮음	보통	높음

시장을 이기려 하지 말고, 구조를 이해하라

많은 투자자가 시장 타이밍을 맞추려 하고, 매번 정답을 맞히려
합니다. 시장은 예측의 대상이 아니라 '설계'의 대상입니다. 아레스
전략은 설계의 대표적인 예라고 할 수 있겠죠. 단기 조정은 기회로
보고, 과열은 현금 방어로 대응하고, 장기 상승에는 베타 확대로 따
라가세요. 리밸런싱은 결국 '판단'이 아니라 '기준'이 됩니다. 그 기
준은 개인마다 다를 수 있지만 기계적인 실행력이 뒷받침되어야 장
기 수익이 가능합니다.

레버리지는 정말 녹는가:
QQQ·QLD·TQQQ 장기 성과 비교

닷컴 버블, 그 치명적인 시작점

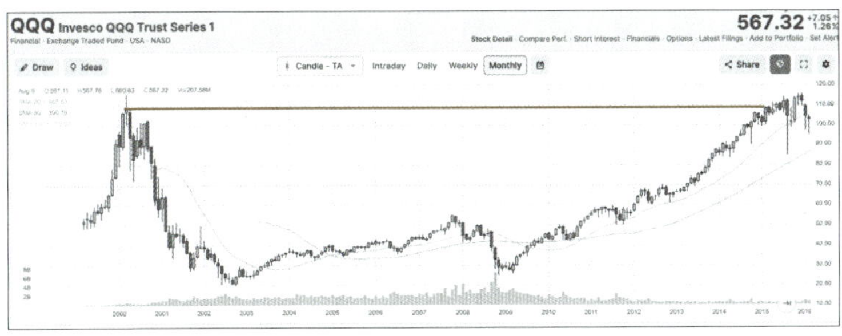

닷컴 버블 시기의 나스닥 QQQ 차트. 닷컴 버블 최고점까지 회복하는 데 무려 15년 이상 걸렸다.

2000년 초, 닷컴 기업들이 연달아 상장되며 시장이 과열되었습니다. 그로 인해 나스닥은 두 해 만에 -78%라는 충격적인 하락을 기록했고 수많은 투자자가 패닉에 빠졌죠. 이 시기의 주요 ETF의 하락률을 살펴보면 다음과 같습니다.

상품명	최고점 대비 하락률	1억 원 투자 시 잔액
QQQ	-75%	약 2,500만 원
QLD	-96.4%	약 360만 원
TQQQ	-99.9%	약 10만 원

특히 TQQQ는 전액을 잃는 수준까지 폭락하며, '레버리지는 녹는다'는 공포를 심어 주었습니다. 전고점 회복까지 걸린 시간을 보면 QQQ는 15년이 필요했습니다. 이 긴 시간 동안에 레버리지 ETF는 어떻게 되었을까요? 2014년 종가 기준 성과(고점 매수 가정)를 보면 QQQ의 수익률은 +14.4%, QLD는 −58.3%, 그리고 TQQQ는 −97.2%입니다. 고점에 몰빵하고 추가 매수하지 않은 경우, 레버리지 ETF는 장기 투자에 부적합한 상품처럼 보일 수 있습니다. 그런데 이것이 정말 현실적인 시나리오일까요?

분할 매수의 힘: 현실적인 투자 방식

대부분의 장기 투자자는 매달 일정 금액을 정기 투자합니다. 이를 정액 분할 매수라고 하고요. 이 방식으로 투자했다면 결과는 완전히 달라집니다. 2000년부터 2015년까지, 15년간 매주 정액을 분할 매수했다고 가정하면 누적 수익률은 QQQ가 +128.4%, QLD는 +318.2%, 그리고 TQQQ는 +487.2%입니다. TQQQ가 가장 높은 누적 수익률을 기록합니다. 고점에 몰빵했다면 손실이 극심했겠죠. 그러나 시간을 분산하고, 매수 시점을 나누면 이야기는 달라집니다.

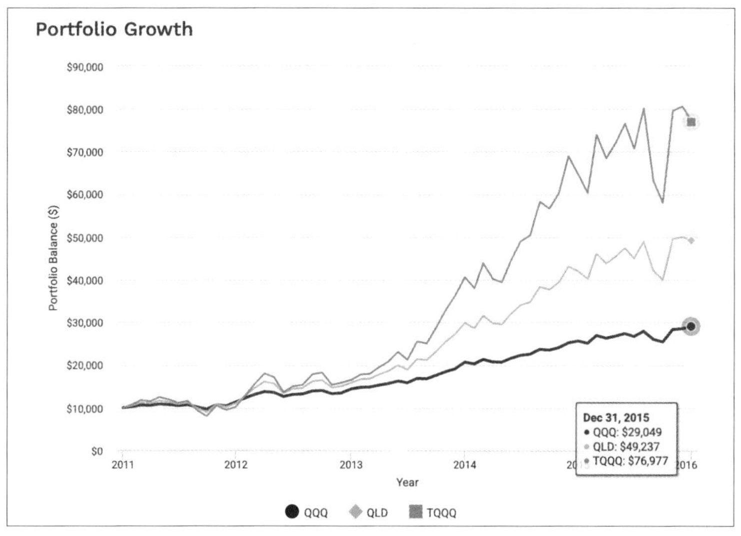

2000~2015년까지 15년간 1만 달러로 시작해 매달 1,000달러씩 정액 분할 매수 시 누적 수익이 얼마인지 보여 준다.

QQQ는 2만9,049달러로 약 2.9배, QLD는 4만9,237달러로 약 4.9배(5.8배에 못 미침), TQQQ는 7만 6,977달러로 약 7.7배(7.8배와 비슷)입니다. 이렇게 무지성으로 무작정 분할 매수를 진행해도 TQQQ의 수익률이 가장 좋습니다.

저는 분할 매수를, 저점에서만 계속하여 진행하고 있습니다. 레버리지에서 가장 좋은 투자법은 저점 집중 매수입니다. 이를 가능케 하는 것이 아레스 미국주식 베타 투자법이고요. 저는 현역으로

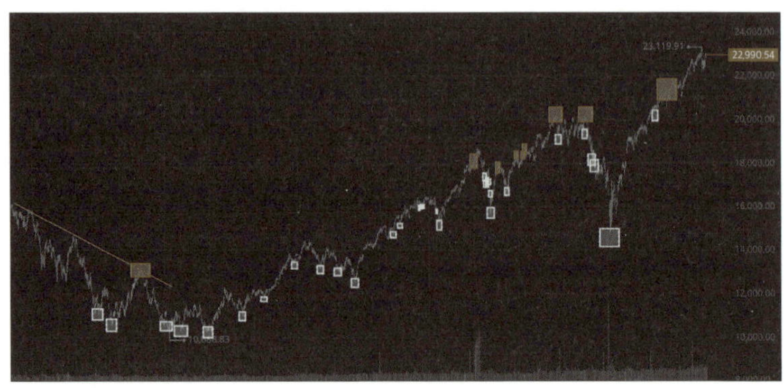

아레스의 매수 시점.

활동하면서 계속해서 TQQQ 레버리지를 자유자재로 활용하고 있습니다.

고점과 저점 중 어디를 기준으로 볼 것인가

많은 투자자가 레버리지는 망한다고 하는 이유는 차트를 고점 기준으로 보기 때문입니다. QQQ는 -75.4% 하락, TQQQ는 -99.9% 폭락 시에 매수했다면 어떨까요?

상품명	저점 기준 수익률	상승 배수
QQQ	+410.8%	약 5배
QLD	+1472%	약 15배
TQQQ	+3452%	약 35배

TQQQ는 저점 기준으로 무려 35배 상승했습니다. 다음으로 2000~2015년 연평균수익률을 보면 QQQ가 5.6%, QLD는 11.2%, 그리고 TQQQ는 13.1%입니다. 레버리지는 시간이 지나면 녹는다는 말은 절반만 맞습니다. 적절히 활용한다면 최고 수익률을 만들 수 있습니다. 여기 더해 베타 투자법의 저점 매수, 고점 리밸런싱 매도가 합쳐진다면 환상적인 투자법이 될 것입니다. 누가 어떻게 쓰느냐에 따라 결과는 완전히 달라집니다.

최저점을 잡는 것은 불가능에 가깝지만, 아레스 커뮤니티에서 이를 실현했습니다. 2023년 TQQQ 16달러 매수, 2024년 초 테슬라 109달러 매수, 2025년 4월 7일 TQQQ 36.48달러 매수 등. 수많은 매수 타이밍을 설계할 수 있었던 것은 앞서 설명한 지표들을 근거로 베타값을 조절했기 때문이었습니다. 그만큼 완벽을 추구합니다.

리밸런싱하기 귀찮아서, 나이가 많아서 혹은 어려서, 돈이 없어서 등은 모두 핑계입니다. 레버리지는 적은 돈으로도 시작할 수 있습니다. 저는 평균적으로 1년에 적으면 한두 번, 많으면 4~6번 거래합니다.

연평균수익률 비교

상품명	연평균수익률
QQQ	5.6%
QLD	11.2%
TQQQ	13.1%

*2000~2015년 기준

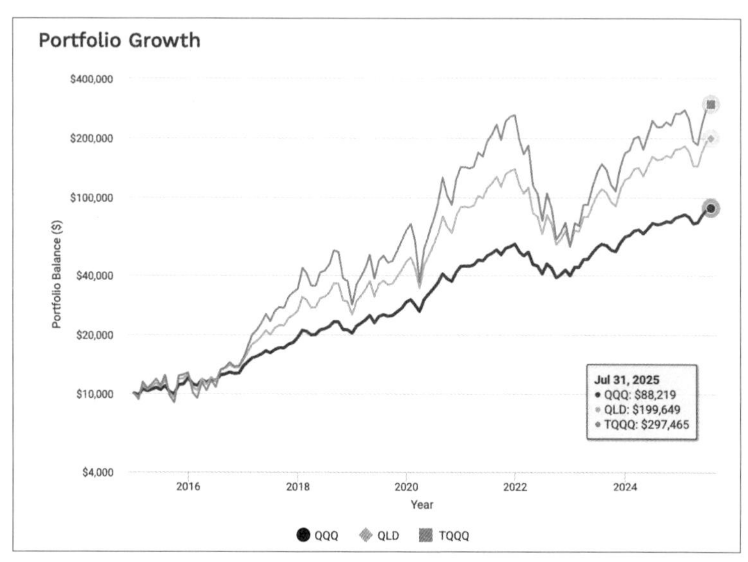

위의 제 2015~2025년 연평균수익률을 보면 QQQ는 1만 달러에서 8만 8,219달러로 약 8.8배, QLD는 19만 9,649달러로 약 20배(17.6배보다 2.4배 아웃퍼폼), TQQQ는 29만 7,465달러로 약 30배(26.4배 보다 3.6배 아웃퍼폼) 뛰었습니다.

물론 크게 하락할 때는 당연히 3배 레버리지가 더 안 좋은 성과를 보입니다. 그런데 아레스 베타 투자자들은 이때 더 크게 매수할 수 있어 레버리지 사용이 오히려 장점으로 작용합니다.

레버리지·인버스 ETF 사용 시
꼭 알아야 할 사실

레버리지 ETF는 매우 강력한 투자 도구나, 제대로 이해하지 못하면 투자자의 자산을 갉아먹습니다. 인버스 ETF는 웬만하면 투자를 권하지 않으나 베타를 급히 조절하기 위해서는 사용 가능합니다. 다만 베타 투자자는 반드시 아래의 원칙을 숙지해야 합니다.

복리 수익률의 왜곡(변동성 끌림)

레버리지 ETF는 '하루 단위' 수익률을 추종합니다. 가령 TQQQ는 나스닥 100 지수의 하루 변동률을 3배 추종하도록 설계되어 있습니다. 하지만 하루 단위의 변동률을 누적한다고 해서 장기 수익률이 그대로 따라가는 건 아닙니다. 시장의 변동성이 커질수록 실제 수익률은 원지수와 점점 더 괴리되어 갑니다. 이른바 변동성 끌림에 의한 손실이죠.

[예시 1] 시장이 2일간 변동한 경우

1일차: +3% 상승, 2일차: -3% 하락

→원지수: -0.09% 손실

→TQQQ(3배): 약 -0.8% 손실

지수는 거의 본전이지만 TQQQ는 더 큰 손실을 기록

[예시 2] 시장이 10일간 반복 변동한 경우

매일 +1%, -1% 번갈아 총 10일간 변동

→원지수: 약 -0.5% 손실

→TQQQ: 약 -4.5% 손실

같은 기간 동안 같은 흐름을 경험해도 레버리지는 시간이 길어질
수록 성과가 악화됩니다.

시간이 길어질수록 불리

횡보장이나 변동성만 큰 시장에서는 레버리지 ETF의 성과가 원
지수보다 떨어집니다. 수많은 백테스트와 실전 사례에서 확인되었
습니다. 투자자들은 흔히 '지수가 본전이면 레버리지 ETF도 본전일
것'이라고 착각합니다. 실제로는 시간이 흐를수록 원금은 조금씩 깎

여 나갑니다.

빠르고 명확한 타이밍 전략이 필수

레버리지 ETF는 어디까지나 트렌드가 확실한 구간에서 사용하는 무기입니다. 상승장이 시작되는 초입부에서 진입하면 일정 수익률(예를 들어 70~150%) 달성 시 리밸런싱을 해야 합니다. 본격적인 상승장에서는 베타 조절을 위해 QQQ나 QLD로 리밸런싱하는 것도 좋습니다. 그리고 조정장 또는 하락장이 예상되면 현금 비중을 늘리거나 SQQQ로 헤지hedge해야 하는데요. 개인적으로 헤지는 추천하지 않습니다.

결론은 칼을 뽑을 때와 넣을 때를 명확히 구분할 줄 알아야 한다는 것입니다. 베타 투자자는 시장 사이클을 읽는 눈, 그리고 자신만의 리스크 관리 원칙을 반드시 세워야 합니다. 궁극적으로 중요한 것은 ETF 선택이 아니라 시장 해석 능력과 자신에 대한 통제력입니다.

PART 7.

시장에 숨겨진 황금 나침반: 선행 지표와 사이클 이론

탄광 속의 카나리아:
하이일드 스프레드

정크 본드

오래전부터 광산 노동자들에게 내려오는 생존의 지혜가 있습니다. 카나리아입니다. 어두운 탄광 속에서 인간이 감지하지 못하는 위험을 카나리아는 먼저 알았습니다. 작고 연약한 이 새는 유독가스가 퍼지는 순간 노래를 멈추고 쓰러짐으로써 위험을 알렸습니다. 광부들에게 카나리아의 침묵은 곧 탈출 신호였습니다.

오늘날의 금융 시장에서는 정크 본드Junk Bond(하이일드 채권)가 광산 속 카나리아와 같은 역할을 합니다. 주식 시장이 폭발적으로 상승할 때도, 시장이

광부들이 광산에 가지고 간 카나리아가 든 새장.

매일 폭락을 거듭할 때도 이곳이 가장 먼저 반응합니다. 정크 본드는 신용 등급이 낮은 기업이 발행하는 고위험·고수익 채권을 말합니다. 겉보기엔 '금리가 높은 만큼 위험하다' 정도로 여겨질 수 있는데요. 매크로 관점에서 보면 기관 투자자들이 가장 먼저 팔아 버리는 자산입니다. 변화를 감지한 순간 투자자들은 아무도 모르게 매도 버튼을 누릅니다. 그들의 매도 신호가 바로 하이일드 본드 스프레드 **High Yield Bond Spread**, 즉 정크 본드 스프레드죠.

정크 본드가 왜 탄광 속 카나리아인가

정크 본드는 신용 등급이 낮은 기업이 발행하는 회사채입니다. 이들은 재무 구조가 튼튼하지 않기 때문에 애플, 마이크로소프트 같은 기초가 탄탄한 기업의 채권과 비교했을 때 (경제 상황이 좋을 때는 괜찮지만) 경기 침체기에 먼저 무너집니다. 채권 시장은 주식 시장보다 훨씬 더 냉정하고 이성적입니다. 주식 시장은 기대와 감정으로 출렁이지만, 채권 시장은 기업이 '채무를 갚을 수 있느냐'

Credit Rating Scales by Agency, Long-Term

Moody's	S&P	Fitch		
Aaa	AAA	AAA	Prime	
Aa1	AA+	AA+	High grade	
Aa2	AA	AA		
Aa3	AA-	AA-		
A1	A+	A+	Upper medium grade	
A2	A	A		
A3	A-	A-		
Baa1	BBB+	BBB+	Lower medium grade	
Baa2	BBB	BBB		
Baa3	BBB-	BBB-		
Ba1	BB+	BB+	Non-investment grade speculative	"Junk"
Ba2	BB	BB		
Ba3	BB-	BB-		
B1	B+	B+	Highly speculative	
B2	B	B		
B3	B-	B-		
Caa1	CCC+	CCC	Substantial risk	
Caa2	CCC		Extremely speculative	
Caa3	CCC-		Default imminent with little prospect for recovery	
Ca	CC	CC		
	C	C		
C				
/	D	D	In default	

WOLFSTREET.com

라는 생존의 문제로 움직이기 때문입니다. 그래서 경기 둔화나 유동성 경색의 냄새가 퍼지기 시작하면 채권 시장의 큰손들인 헤지펀드, 연기금, 글로벌 채권 펀드들이 가장 먼저 정크 본드를 팝니다.

'정크 본드 매도→가격 하락→금리 급등→스프레드 확대' 과정은 주식 시장이 본격적으로 흔들리기 전에 벌어집니다.

정크 본드를 모아 놓은 ETF 차트. 정크 본드는 우상향하지 않는다. 하지만 정크 본드를 급격히 매도하거나 비슷한 움직임이 보일 때는 주식 시장도 조심해야 한다.

위기가 발생할 때마다 먼저 죽은 카나리아들

2000년 닷컴 버블은 기술주가 마지막 황홀경을 외치던 시기입니다. 하지만 정크 본드(하이 일드) 스프레드는 조용히 상승하고 있었죠. 투자자들이 전혀 눈치채지 못할 때, 카나리아는 벌써 노래를 멈추었습니다. 다음으로 2008년 글로벌 금융위기 때 언론은 부동산 가격은 견고하다고 떠들었습니다. 정크 본드 스프레드는 폭발 직전에 있었고요. 이후 리먼이 무너졌습니다. 그리고 2020년 코로나 팬데믹 때 지수는 사상 최고치를 찍었지만 정크 본드 스프레드는 2주 전부터 폭등을 시작했습니다. 기관들은 이미 알고 있었던 것이죠.

마지막으로 2022~2023년 긴축 사이클을 들 수 있습니다. 금리가 오르기 전에 정크 본드 시장의 매도세가 먼저 출발했습니다. 결국 기술주는 30~40%씩 꺾였고요. 역사는 반복됩니다. 매번, 카나리아가 먼저 쓰러졌고요.

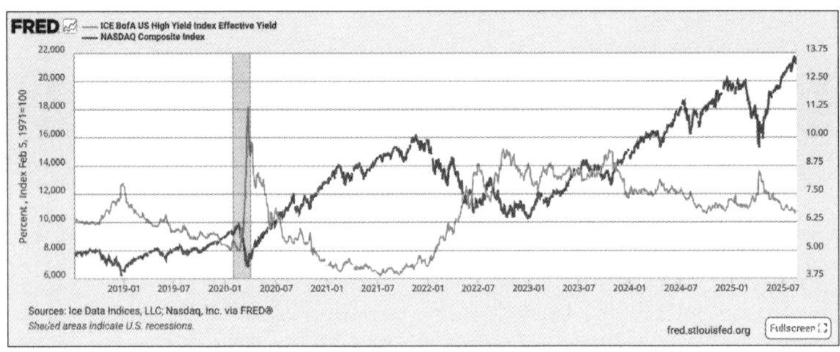

차트를 보면 언제 위기가 발생했는지 알 수 있다.

정크 본드 스프레드와 투자 시장 해석

정크 본드(하이일드) 스프레드 보는 법은 단순합니다. 스프레드 변화는 위험 스위치 전환 신호입니다. 스프레드 확대는 곧 위험 증가입니다. 그 단서는 기관이 위험자산을 팔기 시작한 것, 실적 부진 기업부터 유동성 경색이 시작된 것, 중소기업 대출 금리가 급등한 것 등입니다. 이 시기에는 베타를 낮추고(TQQQ→QQQ→현금 증가) 급락 시 현금을 축적하여 기회에 대비해야 합니다. 반대로 스프레드 축소는 곧 위험 해소입니다. 유동성 공급이 확대되고, 기업들의 자금 조달에 무리가 없고, 가능 기관이 위험자산 재매수에 나섭니다. 이 시기에는 TQQQ, SOXL 활용 등 베타를 높여도 됩니다. 베타 투자자는 뒤늦게 반응하는 군중과 달라야 합니다. 군중이 두려움에 빠지기 전에, 카나리아가 쓰러지는 순간을 먼저 포착해야 합니다.

또 다른 카나리아들:
시장의 조기 경보 지표

국채 수익률 곡선

가장 전통적이고도 신뢰할 수 있는 경기 침체 신호가 장단기 금리 역전Inverted Yield Curve 입니다. 보통은 장기 국채(10년물) 금리가 단기 국채(2년물)보다 높아야 정상입니다. 미래의 불확실성을 보상하기 위해 만기일이 길수록 금리가 높기 때문이죠. 그러나 금융 시장이

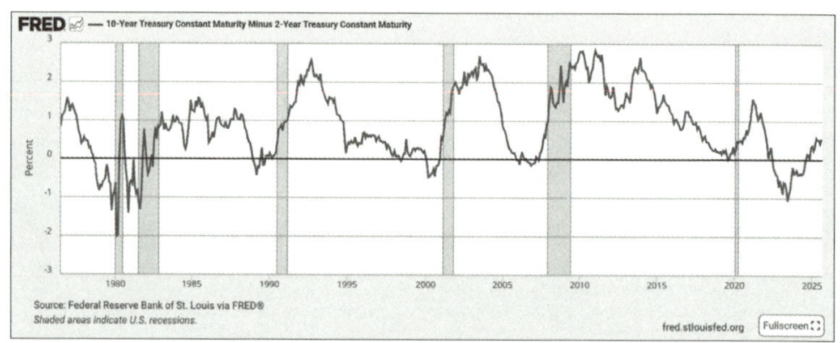

음영 부분이 경기 침체가 찾아왔던 시기다. 장기-단기 금리 역전 이후 대부분 경기 침체가 오는 수순이었다. 현재 매우 큰 역전이 보인다. 이번에 경기 침체가 발생하면 크게 발생할 것이란 뜻이다.

불안할 때는 단기 금리가 장기 금리보다 높아지는 역전 현상이 나타
납니다.

VIX 지수: 공포의 온도계

VIX는 흔히 '공포 지수'라고 불립니다. 시카고옵션거래소CBOE에
서 산출하는 S&P 500 변동성 지수로, 향후 30일간의 주가 변동성에
대한 시장의 기대치를 반영합니다. VIX가 20 이하면 시장이 안도하
는 구간, 40을 넘어서면 공포에 빠져 있다는 뜻입니다. VIX는 단기
적인 투자 심리를 읽는 데 특히 탁월한데요. 군중의 두려움이 얼마
나 커졌는지, 혹은 지나치게 무감각해진 것은 아닌지 파악할 수 있
는 온도계 역할을 합니다.

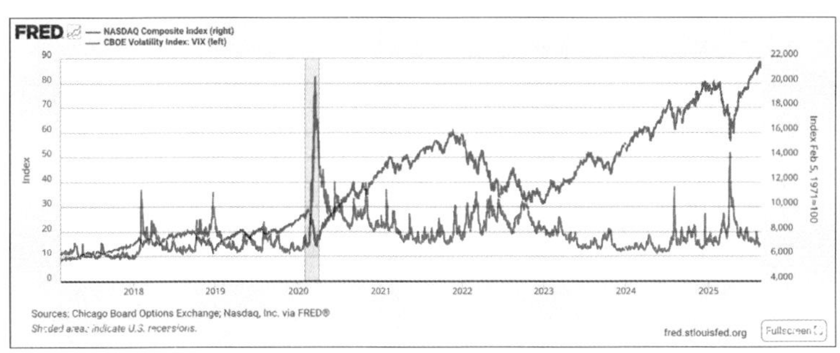

시장의 변동성이 급격하게 커지는 구간에서 VIX 지수도 급등한다. VIX 지수가 40 부근이거나 60을
돌파한다면, 일생일대의 기회라는 뜻이다.

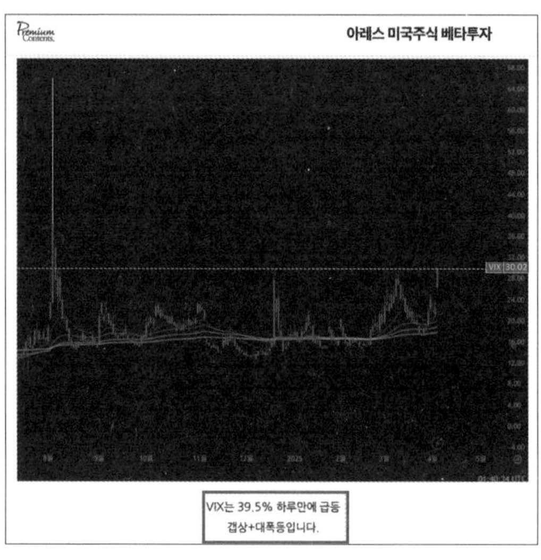

저는 2025년 4월 7일 대폭락 매수 이전인 4월 4일에 영상에서 VIX 지수 대폭락을 이야기했습니다. 2024년 8월에는 엔캐리 청산이 일어났죠. 그때 저는 엔비디아 레버리지를 매수했었습니다. VIX는 무려 70가까이 치솟았고요. 매우 좋은 매수 타이밍이었고, 그때와 4월 7일이 바닥이었습니다.

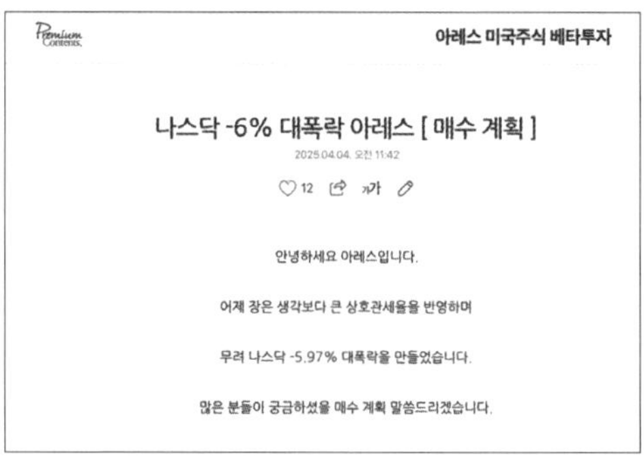

금융여건지수

FCI_{Financial Conditions Index}는 금리, 회사채 스프레드, 환율, 주가 등 여러 금융 변수를 종합해 현재 금융 환경이 기업과 투자자에게 얼마나 유리한지를 보여 줍니다. FCI가 완화적_{easy}이라면 자금 조달이 쉽고, 위험자산에 자금이 원활하게 공급된다는 뜻이고, 반대로 긴축적_{tight}으로 바뀌면 기업의 자금줄이 마르고, 주식 시장은 타격받습니다. FCI는 광산 입구의 공기 질 측정기와도 같아서 금융 시장의 전반적인 환경을 읽을 수 있습니다.

버핏 지수

워런 버핏이 제시한 지표입니다. 주식 시장 시가총액 ÷ GDP 비율로, 100%를 크게 상회하면 주식 시장이 과열됐다는 신호이고 70% 이하면 시장이 저평가됐다는 의미입니다.

다음 그래프를 보면 현재 버핏 지수가 무려 217%입니다. 주식 시장이 GDP의 2배가 넘는다는 뜻입니다. 다만 이 지수는 현대 금융 시장과는 어긋나는 지점이 있기 때문에 새로운 형태의 가치평가가 필요합니다. 경기 사이클보다는 역사적 사이클을 보여 주는 장기 카나리아라고 볼 수 있습니다. 지금 우리가 싸게 사는 시대인지, 비싸게 사는 시대인지를 판단하는 나침반이라고만 생각하세요.

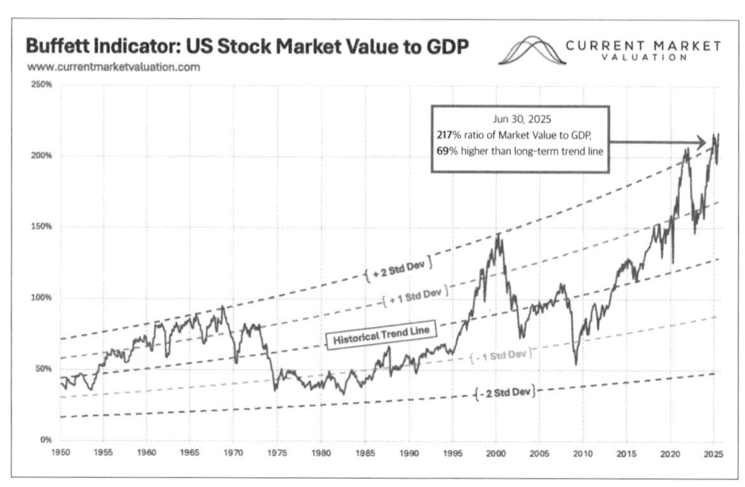

투자자는 카나리아 한 마리만 바라보면 안 됩니다. 하이일드 스프레드가 벌어지는 동시에 국채 수익률이 역전된다면? VIX가 급등하면서 금융여건지수까지 긴축으로 돌아섰다면? 여러 신호가 동시에 울릴 때 시장은 곧 큰 변곡점을 맞이합니다. 이들을 종합적으로 판단해서 결정하세요. 특히 베타 투자법을 실행하는 투자자에게 이들은 단순한 참고 자료가 아닙니다. 공격(레버리지 확대) 타이밍을 잡는 나팔 소리, 혹은 방어(현금 확대, 헤지)로 물러날 순간을 알리는 경고등입니다.

사무엘 베너 사이클:
장기 파동의 법칙

사무엘 베너는 누구

사무엘 베너Samuel Benner는 19세기 말 미국의 농부이자 철강업자입니다. 그는 경제 주기의 반복을 관찰하며 농산물 가격과 철강 산업의 흥망성쇠에 일정한 주기가 있음을 발견했습니다. 1875년에는

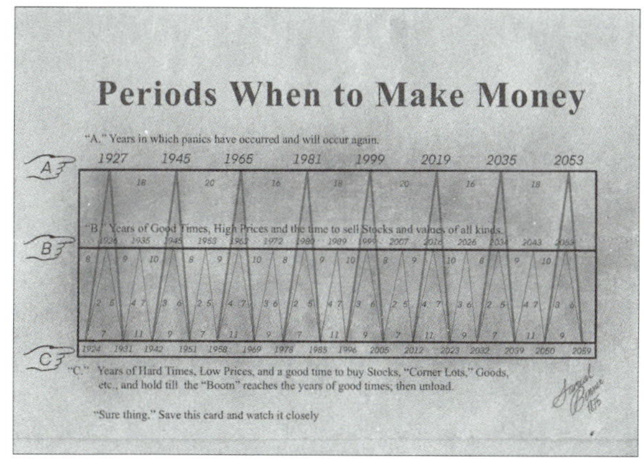

『Benner's Prophecies of Future Ups and Downs in Prices』를 쓰면서 경기 사이클 이론을 정리했습니다. 그의 사이클은 2000년 닷컴 버블은 물론 2020년 코로나도 맞췄습니다.

베너 사이클의 세 축

베너는 경제와 금융 시장의 움직임을 크게 3개 주기로 설명했습니다. 첫째, 21년 주기(공황 주기)입니다. 대규모 금융위기나 경제 대공황이 20~21년마다 발생한다고 본 것이죠. 실제로 1907년 공황, 1929년 대공황, 1987년 블랙먼데이, 2008년 금융위기 등은 이와 유사한 간격입니다. 둘째, 27년 주기(철강 산업 주기)입니다. 그가 살았던 시대에 미국의 핵심 산업인 철강·제조업의 성쇠 주기인데요. 오늘날에는 기술 산업(IT, 반도체, AI 산업 등)의 장기 투자 사이클로 바꿀 수 있습니다. 셋째, 11년 주기(농업 주기)입니다. 이는 곡물 가격 등 농업 사이클로, 오늘날에는 원자재 가격이나 에너지 사이클과 겹쳐 볼 수 있습니다.

150년 전의 이론인 베너 사이클은 지금도 타당성을 지닙니다. 그래서 2029~2030년 전후로 또 다른 경제 대공황 가능성을 예측하는 데 자주 인용됩니다. 테크 버블, 부동산 사이클, 원자재 슈퍼 사이클 등과 맞물려 시장의 장기적인 방향성을 읽는 참고자료로 계속 활용됩니다.

카나리아 지표와 베너 사이클의 결합

앞서 다룬 하이일드 스프레드, VIX, 국채 수익률 곡선은 단기·중기의 위험 신호를 포착하는 데 유용합니다. 반면에 베너 사이클은 '우리가 지금 어떤 시대적 파동 위에 서 있는가'를 알려 줍니다. 즉, 카나리아 지표는 눈앞의 위기와 기회를 알 수 있는 단기 경보 장치이고, 베너 사이클은 10년, 20년 단위의 거대한 파도를 읽는 나침반입니다. 이 둘을 함께 본다면 눈앞의 숲을 보는 동시에 멀리 산맥의 흐름도 읽을 수 있습니다.

경제 지표 읽는 법:
시장을 움직이는 신호들

투자자는 차트와 가격만 봐서는 안 됩니다. 경제의 맥을 짚는 여러 지표를 함께 봐야 합니다. 시장의 심리와 펀더멘털을 전부 이해하기 위해서죠. 글로벌 투자자들이 매번 숨죽이며 지켜보는 핵심 경제 이벤트와 지표들을 소개합니다. 저 또한 이들을 심도 있게 살펴보며 현재 경기와 물가에 대해 판단을 내립니다. 경기 업, 물가 다운도 아래 지표들을 참고하고 이야기하죠.

잭슨 홀 미팅

세계 경제의 이정표

매년 8월 말, 미국 와이오밍 주의 휴양지 잭슨 홀에서는 세계 금융 시장이 지켜보는 행사가 열립니다. 잭슨 홀 미팅Jackson Hole

Economic Symposium입니다. 미국 연방준비제도 12개 지점 중 하나인 캔자스시티 연방준비은행의 주도로 개최되며, 전 세계 중앙은행 총재, 주요 정책 당국자, 학자들이 참석해 향후 경제와 통화 정책의 방향을 논의합니다. 한마디로 앞으로 세계 경제를 어떻게 이끌지에 관한 밑그림이 제시되는 자리죠. 당연히 이곳에서 나온 발언 하나하나는 전 세계 금융 시장, 심지어 코인 시장에까지 영향을 주죠.

시장을 뒤흔든 역사적 순간들

잭슨홀 미팅에는 여러 경제 인사들이 참여한다.

잭슨 홀 미팅으로 전 세계가 들썩인 순간은 많습니다. 2005년에 인도 중앙은행 총재였던 라구람 라잔은 미국 경제의 거품과 금융 시스템의 불안정을 지적하며 "글로벌 금융위기가 발생할 수 있다"고 경고했습니다. 당시에는 과도한 우려로 치부되었지만, 불과 2년 뒤인 2007년 세계 금융위기가 터지면서 그의 발언은 예언으로 받아들여졌죠.

2010년은 글로벌 금융위기의 여파로 세계 경제가 휘청거리던 시기입니다. 당시 연준 의장 벤 버냉키는 잭슨 홀에서 양적 완화와 제로금리를 제안했습니다. 이는 이후 경기 회복을 이끄는 핵심 동력이 되었고, "잭슨 홀에서 세계 경제를 구했다"는 평가까지 나왔습니다.

2022년에는 인플레이션을 억제하기 위해 연준이 이미 고강도의 금리 인상을 단행하고 있었음에도 증시는 오히려 상승세를 보였습니다. 제롬 파월 의장은 "강력한 긴축을 지속하겠다"고 했고, 그날 글로벌 증시와 외환 시장이 큰 폭으로 출렁였습니다.

2023년에 같은 자리에서 파월 의장은 '글로벌 경제의 구조적 변화'를 주제로 연설하면서 금리 인상 여부에 대해 신중히 접근하겠다고 밝혔습니다. 시장은 큰 충격을 받지는 않았지만, 오히려 연준의 속도 조절에 무게가 실리는 계기가 되었죠.

2024년에 파월은 "미국 인플레이션이 목표치인 2%를 향해 개선되고 있으며, 고용 시장 둔화에도 적절히 대응하겠다"며 정책의 변화를 암시했습니다. 이 발언은 시장에 안도감을 주었고, 경기 연착륙에 대한 기대를 강화시켰습니다.

잭슨 홀이 중요한 이유

잭슨 홀 미팅은 연례 회의가 아닙니다. 첫째, 세계 경제와 정책 방향성의 신호탄이라고 봐야 합니다. 앞으로 연준과 각국 중앙은행이 어떤 정책을 펼칠지 가늠할 수 있죠. 둘째, 시장의 심장 박동입니다. 현재 의장인 파월의 한마디가 S&P 500, 나스닥, 환율, 코인까지 흔듭니다. 셋째, 역사의 전환점입니다. 금융위기, 양적 완화, 인플레이션 대응 등 굵직한 사건들이 모두 이 자리에서 방향성을 제시받았습니다. 이처럼 잭슨 홀 미팅은 향후 6개월에서 1년 동안 시장을 움직일 '미래의 청사진'입니다.

물가 지표

CPI(소비자물가지수)

CPI는 소비자 관점에서의 인플레이션을 보여 주는, 가장 널리 사용되는 지표입니다. 소비자들이 구매하는 상품과 서비스 가격의 변화를 대표 바스켓을 통해 측정합니다.

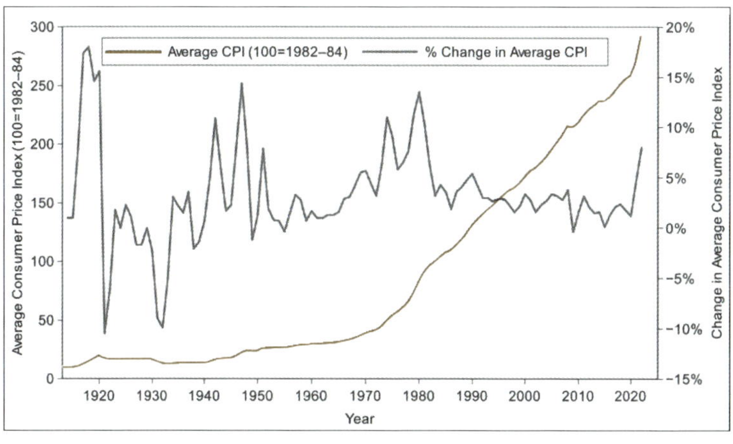

[그림 1] CPI는 소비자들이 실제 생활에서 지불하는 물가를 측정한다. 인플레이션의 대표 지표로, 연준의 금리정책에 직접적인 영향을 준다.

PPI(생산자물가지수)

PPI는 생산자가 시장에서 이루어진 첫 거래 시 받는 가격을 측정하며, 원자재·제조비용 등 공급 측면의 압력을 포착하는 데 유용합니다. CPI보다 변동성이 크고, 경우에 따라 소비자물가 변화에 앞서 움직일 수 있습니다.

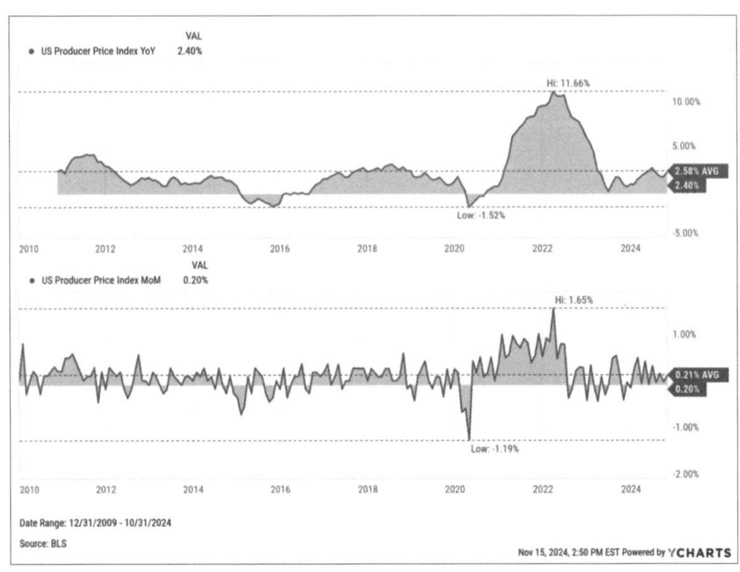

[그림 2] PPI는 기업이 생산 과정에서 부담하는 비용을 보여 준다. [그림 1]에서 CPI의 장기적인 상승 흐름을 확인할 수 있으며, [그림 2]는 CPI보다 더 민감하게 오르내리는 모습이다.

물가 지표 읽기의 기본, CPI와 PPI

CPI와 PPI 모두 물가 지표이지만 시선이 다릅니다. CPI는 '소비자 지갑'에서 본 물가입니다. 식품, 의류, 주거비, 의료 서비스, 교통 등 실제 가계가 부담하는 항목들로 구성되죠. 한마디로 생활 물가를 보여 줍니다. 반면 PPI는 '생산 현장'에서 본 물가입니다. 원자재, 반제품, 도매가 등이 반영되는, 기업이 부담하는 비용 구조를 보여 줍니다. CPI보다 앞서 움직이는 경우가 많아 물가의 선행 신호 역할을 하기도 합니다.

PPI 상승은 후행적으로 CPI에도 영향을 주기 때문에 물가 압력의 선행 지표로 해석되는 등, 두 지표는 서로 큰 연관성이 있습니다.

PPI는 기업이 투입하는 비용이므로 PPI가 상승하면 기업의 마진 압박이 들어오고, 일정 시차 후 가격 전가가 이루어집니다. 그 결과 CPI 상승으로 이어질 가능성이 높습니다. 이를테면 국제 유가가 급등하면 PPI가 먼저 뛰고, 이후 소비자들이 주유소·물류비·상품 가격을 통해 CPI 상승을 체감하는 구조입니다.

실제로 2021~2022년 코로나 이후 공급망 붕괴와 원자재 가격 급등으로 PPI가 급등했습니다. 미국 PPI는 연간 9% 이상 치솟으며 40년 만에 최고치를 기록했죠. 결국 CPI 인플레이션 폭등으로 이어졌습니다. 연준이 금리 인상 사이클에 돌입한 것도 이 시기의 PPI와 CPI의 급등 때문이었습니다. 우리는 PPI를 먼저 살펴 물가 압력의 방향을 빠르게 감지해야 합니다. 가령 PPI가 가파르게 상승하는데 CPI가 아직 안정적이라면, 향후 CPI 급등 리스크를 예상하고 포트폴리오를 조정해야 합니다.

성장 지표

GDP와 소매 판매: 경제의 몸집과 심장 박동

GDP(국내총생산)는 한 나라에서 일정 기간 동안 생산된 모든 재화와 서비스의 가치를 합산한 지표입니다. 경제의 총체적 크기죠. 분기별로 발표되며, 미국에서는 가장 중요한 경기 체력 지표로 평가됩니다. 즉 '경제가 얼마나 성장했는가?'를 직접적으로 보여 줍니다. GDP는 크게 네 가지로 나눌 수 있는데요. 첫째, 소비Consumption는 미국 GDP의 약 70%를 차지합니다. 둘째, 투자Investment는 기업 설비 투자, 주택 건설 등이 포함됩니다. 셋째, 정부 지출Government Spending은 정부가 경제에 투입하는 자금입니다. 넷째, 순수출Exports-Imports은 해외 거래의 균형입니다. GDP 성장률이 높다는 것은 기업 이익이 늘어나고 주식 시장에 긍정적 신호라는 뜻입니다. 반대로 GDP가 마이너스로 전환되면 경기침체의 경고음입니다.

소매 판매: 경제의 체온과 소비 심리

소매 판매Retail Sales는 미국 경제의 70%를 차지하는 소비 활동을 보여 주는 핵심 지표입니다. 매월 발표되며, 백화점·슈퍼마켓·온라인 쇼핑몰·자동차 판매까지 포함하죠. 소비자의 지갑이 열리고 있는지 닫히고 있는지를 가장 빠르게 파악할 수 있는 지표입니다. 이를 테면 블랙프라이데이 시즌의 소매 판매가 강하면 연말 GDP 성장에도 직접적으로 반영됩니다. 반대로 소비가 줄면 경제 성장세가 둔화되고, 이는 곧 기업 실적과 증시에도 악영향을 주겠죠. 소매 판매는 GDP보다 선행 지표입니다. GDP는 분기마다 발표되어 시차가 있지만, 소매 판매는 매월 발표되므로 경기 흐름을 더 빨리 감지할 수 있습니다.

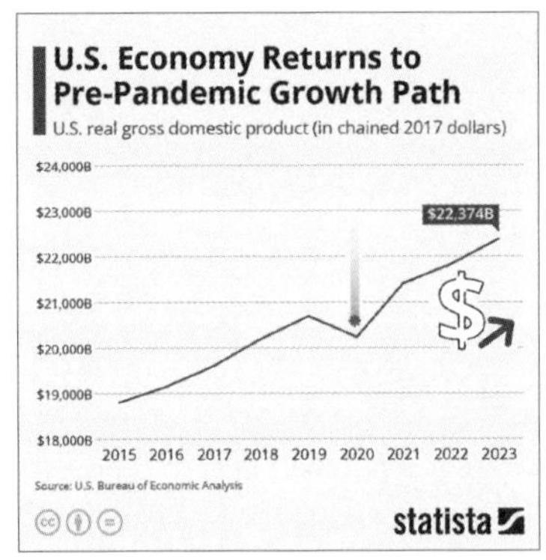

역사적 사례

2008년 금융위기 당시 금융 시스템 붕괴로 소비가 급격히 줄며 소매 판매가 추락했습니다. 이는 GDP 급락으로 이어졌고, 증시는 역사적인 폭락을 기록했죠. 또 2020년 코로나 팬데믹 시기에도 봉쇄 조치로 소매 판매가 한 달 만에 -16%까지 떨어졌지만, 이후 정부의 경기부양책과 온라인 소비 확대 덕분에 빠르게 반등합니다. 이는 GDP 회복을 앞당기는 계기가 되었습니다.

GDP와 소매 판매의 연결 고리

GDP는 경제의 전체 크기와 체질을 보여 주고, 소매 판매는 경제의 맥박과 소비 심리를 보여 줍니다. 즉, 두 지표는 서로를 보완합니다. 소매 판매가 회복세를 보인다는 것은 소비 확대의 신호이고, 향후 GDP 성장률 개선이 점쳐집니다. 반대로 소매 판매가 둔화된다는 것은 소비 위축 경고이고, 향후 GDP 성장 둔화 가능성을 시사합니다. 정리하면 GDP는 뒤돌아본 기록, 소매 판매는 앞을 비추는 신호등입니다. GDP는 경제의 '결과표'이고, 소매 판매는 경제의 '실시간 체온계'입니다. 따라서 투자자는 두 지표를 동시에 확인해야 합니다. GDP는 장기 트렌드와 경제 체질을, 소매 판매는 단기 경기 흐름과 투자 타이밍을 잡는 기준으로 활용하세요.

고용 지표: 경제의 체온계

왜 고용 지표가 중요한가

고용은 경제의 체온계와 같습니다. 일자리가 많고 실업률이 낮으면 소비 여력이 커지고 경기는 확장됩니다. 반대로 일자리가 줄고 실업률이 오르면 소비 위축과 경기 둔화가 동반됩니다. 연준이 금리 정책을 결정할 때 가장 중요하게 보는 것도 '물가'와 '고용'인데요. 고용 지표를 연준의 다음 카드를 예측하는 열쇠로 봐야 합니다.

주요 고용 지표

① 비농업 고용보고서: 매달 첫째 주 금요일에 미국 노동부가 발표하는 지표입니다. 농업 분야를 제외한 전체 신규 일자리 증가 수를 집계하는데, 발표 직후 달러·채권·주식 시장이 동시에 출렁입니다. 이때 신규 고용이 예상보다 많으면 경기가 과열되고 금리 인상 압력을 받습니다. 신규 고용이 부진하면 경기가 둔화되면서 금리 인하에 대한 기대감이 오릅니다.

② 실업률: 전체 노동인구 대비 '일자리가 없는 사람'의 비율입니다. 하지만 '일자리를 찾지 않는 사람'은 제외되기 때문에 체감 실업률과 괴리가 있을 수 있는데요. 낮은 실업률은 경기 호황의 신호이지만, 너무 낮으면 임금 상승 압력이 와 인플레이션으로 이어질 수 있습니다.

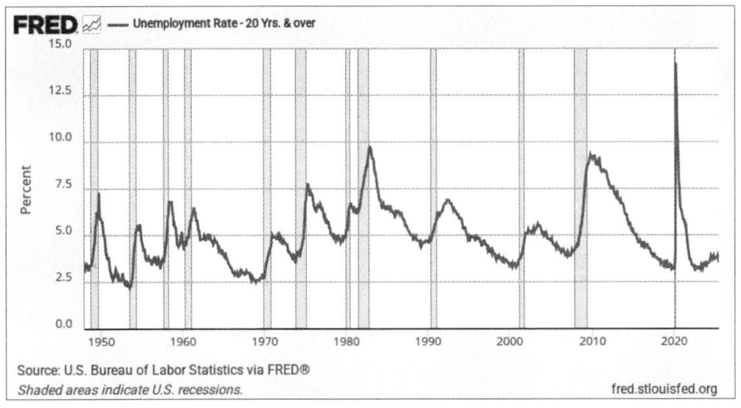

역사적으로 고용 지표는 침체기마다 급등했다.

③ 실업수당 청구 건수: 매주 목요일 발표합니다. 매주 나오기 때문에 실시간으로 고용 시장의 건강 상태를 보여 준다고 할 수 있습니다. 증가세가 뚜렷해지면 경기 둔화의 선행 신호로 해석되죠.

④ 임금 상승률: 비농업 고용보고서에 포함되는 지표입니다. 고용 증가가 임금 상승을 동반하면 소비 확대와 동시에 인플레이션 압력으로 작용합니다. 연준은 이 지표를 통해 '임금-물가 악순환(임금 인플레이션)' 위험을 경계합니다.

⑤ 참여율: 경제활동인구(일자리를 갖고 있거나, 구직 활동을 하는 인구)의 비율입니다. 참여율이 높아지면 경제활동 기반이 확대되는 것이고, 참여율이 낮으면 숨은 실업자가 많다는 뜻입니다.

역사적 사례

고용과 시장의 연결고리를 보겠습니다. 2008년 금융위기 때 실업률이 급등하면서 신규 고용이 급감하자, 연준은 대규모 양적 완화와 제로금리를 시행했습니다. 2020년 코로나 팬데믹 때는 NFP 신규 고용이 단 한 달 만에 2,000만 개 줄었죠. 미국 역사상 최악의 고용 충격이었습니다. 하지만 연준의 무제한 완화와 정부의 재정 투입으로 급속한 회복이 나타납니다. 이처럼 고용 지표는 위기의 깊이와 회복의 속도를 동시에 보여 주는 나침반입니다.

투자 인사이트: 베타 투자자에게 고용 지표란

고용 지표는 단순히 '몇 명이 일자리를 얻었는가'가 아니라 시장 전체 베타 전략의 타이밍 신호입니다. 투자자는 고용 지표를 통해 경기가 과열로 달려가는지 침체로 기울고 있는지를 읽어야 합니다. 그리고 이 흐름에 맞춰 베타를 조절해야죠. 고용은 결국 소비로, 소비는 GDP로, GDP는 기업 실적과 주가로 이어진다는 걸 반드시 기억하세요.

- 고용 호황+물가 안정→증시 강세(베타 확대: TQQQ 등 레버리지 전략 가능)

- 고용 과열+물가 불안→연준의 긴축 압력(현금 비중 확대, 방어적 전략)

- 고용 부진+물가 둔화→금리 인하 기대(성장주 반등, 위험자산 회복)

금융 시장 지표: 중앙은행의 언어와 시장의 해석

FOMC 회의

연방공개시장위원회FOMC는 미국 통화정책의 심장입니다. 연 8회 정기회의가 열리며, 이 자리에서 기준금리 조정 여부와 향후 경제 전망이 발표되죠. 투자자들은 이번에 금리를 올릴까 내릴까보다 "앞으로 몇 번 더 올릴까?", "속도는 얼마나 될까?" 같은 질문을 던져야 합니다. 발표 당일의 금리 인상 여부보다는 성명서와 기자회견에서 드러나는 향후 방향성이 더 중요합니다. 시장은 '파월의 표정'까지 해석하려 들 정도입니다.

FOMC 의사록

의사록은 회의가 끝나고 약 3주 뒤 공개됩니다. 연준 위원들이 내부적으로 어떤 논리를 주고받았는지, 소수 의견과 갈등의 온도를 확인할 수 있습니다. 예를 들어 성명서에서는 "인플레이션이 완화되고 있다"고 했더라도, 의사록에서는 "여전히 물가 위험이 높다"는 위원들의 발언이 담길 수 있습니다. 의사록은 연준 내부의 균형을 알려줍니다. 다수파가 비둘기파인지 매파인지에 따라서 향후 금리 경로를 더 정밀하게 예측할 수 있습니다.

연준 점도표

분기별 FOMC에서 공개되는 연준 위원들의 금리 전망치입니다.

각 점dot은 위원 한 명의 금리 전망을 나타내는데요. 시장은 평균값보다 분포와 편향을 더 중요하게 봅니다. 매파적은 점들이 위쪽에 몰려 있습니다. 비둘기파적은 점들이 아래쪽에 분산되고요. 점도표는 연준의 공식 가이던스지만, 실제 결과와 차이가 클 수 있습니다. 시장의 단기 심리를 움직이는 도구로 보는 쪽이 현명합니다.

M2(광의통화)

시중에 풀린 현금, 요구불 예금, 저축성 예금 등을 모두 포함한 유동성 지표입니다. 장기적으로 자산 가격과 직결되죠. 코로나 시기 M2가 폭발적으로 증가하자 주식·부동산·코인 가격이 동반 폭등했습니다. M2는 단기 시황보다 장기 자산 시장 방향성을 보여 주는 나침반이라고 하겠습니다.

금융 시장 지표를 중앙은행과 시장의 대화라고 생각하세요. FOMC, 의사록, 점도표 등은 연준이 말하는 언어이고, M2, 심리 지표는 시장이 반응하는 목소리입니다. 투자자는 이 대화를 잘 해석해야 하는데요. 금융 시장 지표를 읽는다는 것은 숫자를 보는 것이 아니라 연준과 시장 사이의 심리전을 읽는 일입니다.

심리 지표: 투자자와 소비자의 마음을 읽는 기술

미시건대 소비자 신뢰지수

미시건대 소비자 신뢰지수University of Michigan Consumer Sentiment Index는 미국 미시건대가 매달 발표하는 지표로, 500여 가구를 대상으로 전화 설문을 통해 산출됩니다. 가계가 체감하는 경제 상황과 향후 전망을 수치화한 지표입니다. ①현재 경제 상황 평가Current Conditions, ②향후 기대Expectations로 구성되는데요. 소비자들의 심리적 체감 경기를 반영하기 때문에 소비와 지출 행동을 예측하는 데 유용합니다. 소비가 GDP의 70%를 차지하는 미국 경제에서는 향후 경기 흐름을 보여 주는 중요한 선행 지표 역할을 합니다. 예를 들어 지수가 급락하면 소비가 위축되고 기업 실적이 둔화되어 증시 하락의 흐름으로 이어질 수 있습니다. 실제로 2008년 금융위기와 2020년 코로나 때 소비자 신뢰지수는 급격히 붕괴되었지만 정부의 재정 지출과 연준의 유동성 공급으로 회복세가 나타났고, 이는 주식 시장의 반등 신호로 작용했습니다.

컨퍼런스보드 소비자 신뢰지수

컨퍼런스보드 소비자 신뢰지수Conference Board Consumer Confidence Index는 미국 민간 경제조사기관인 컨퍼런스보드가 매달 발표합니다. 5,000가구를 대상으로 설문을 진행하며, 노동 시장 인식을 강하게 반영합니다. 노동 시장과 현재 생활 수준을 평가하는 ①현재 상황 지수Present Situation Index와 노동 시장과 현재 생활 수준을 평가하는 ②기대 지수Expectations Index로 구성됩니다. 노동 시장에 대한 소비자 인식을 반영하는 만큼 컨퍼런스보드 지수는 고용 지표와 밀접하게 연관됩니다. 일자리를 찾기 쉽다고 응답한 비율이 높으면 소비 심리가 강하고 경제 확장 기대가 큰 것이고, 반대 응답이 많아지면 경기 둔화 우려가 커집니다. 2022년 인플레이션이 정점에 달했을 때 컨퍼런스보드 소비자 신뢰지수가 100 밑으로 떨어진 적이 있는데요. 소비 심리 위축과 함께 경기 침체 논란을 키웠습니다. 하지만 2023년 들어 고용 시장이 견조하게 유지되면서 다시 상승세로 돌아섰습니다.

공포와 탐욕 지수

공포와 탐욕 지수는 ① 주가 모멘텀(S&P 500 125일 이동평균 대비), ② 주식 수급(52주 최고가 대비 강세·약세 비율), ③ 옵션 매수세Put·Call Ratio, ④ 채권·주식 수익률 스프레드, ⑤ VIX, ⑥ 안전자산 수요(주식 vs 채권 수요), ⑦ 시장 폭(상승 종목 vs 하락 종목 비율)로 구성됩니다. 80 이상이면 과열(탐욕)로 조정 가능성이 높아집니다. 반면 20 이하면 극단적 공포로 장기적 매수 기회가 올라갑니다. 군중 심리를 수치화했기 때문에 역발상 투자에 활용할 수 있는데요. 2020년 코로나 폭락 당시에 공포와 탐욕 지수는 2까지 떨어졌습니다. 그러나 그 직후 대규모 유동성이 공급되면서 시장은 역사적 반등을 기록했고요. 반대로 2021년 말, 지수가 90에 근접했을 때는 기술주 버블 우려와 함께 시장이 큰 조정을 받았습니다.

심리 지표는 군중의 거울입니다. 미시건대 지수는 소비자의 체감 경기(가계 심리)를, 컨퍼런스보드 지수는 노동 시장 중심의 경기 인식을, 공포와 탐욕 지수는 투자자의 군중심리를 들여다보는 거울입니다. 또 이 셋은 서로 보완적인데요. 소비자의 신뢰가 무너지면 소비와 GDP가 흔들리고, 노동 시장 불안은 컨퍼런스보드 지수를 통해 드러납니다. 마지막으로 투자자 심리는 공포와 탐욕 지수에 반영되어 실물 경제와 금융 시장의 다리 역할을 하죠.

경제 지표는 시장의 심장 박동

경제는 살아 있는 유기체입니다. 심장이 뛰어야 몸이 움직이고, 혈액이 순환해야 생명이 유지됩니다. 경제 지표들도 마찬가지입니다. 각기 다른 부위를 대표하지만 결국 합쳐져 하나의 리듬을 만들어 내죠. 이 리듬이 시장의 심장 박동입니다.

아레스 투자법에서 늘 강조하는 '경기 업, 물가 다운'은 단순한 슬로건이 아닙니다. 앞서 살펴본 지표들을 종합적으로 고려한 복합적 판단입니다. 물가 지표(CPI·PPI)를 통해 인플레이션 추세를 살피고, 고용 지표(NFP·실업률)에서 경기 사이클의 체력을 점검하며, GDP· 소매 판매를 통해 경제 체질을 확인하고, 심리 지표(소비자 신뢰·공포와 탐욕 지수)로 군중의 움직임을 해석해야 합니다. 이 모두가 합쳐져 "경기는 살아나고 있는데, 물가는 안정적이다"라는 이상적인 조합이 만들어질 때, 베타 투자자는 시장의 큰 파도를 탈 준비를 하죠.

미국과 한국의 자산 구조, 그리고 시장에 올라타는 법

401(k)의 힘

미국 주식 시장이 장기적으로 우상향하는 강력한 이유가 애플, 마이크로소프트, 구글 같은 혁신 기업들이 끊임없이 성장하기 때문만은 아닙니다. 보다 근본적인 이유는 미국 사회 전체가 제도적으로 주식을 사도록 설계되어 있어서입니다. 401(k) 퇴직연금이 대표적이죠.

401(k)는 1978년 미국 세법 개정으로 탄생했습니다. 이전까지 미국의 퇴직연금은 대부분 회사가 책임지는 확정급여형DB 방식이었지만, 기업들이 비용 부담을 줄이기 위해 점차 근로자 스스로 자신의 은퇴자금을 책임지는 확정기여형DC으로 전환되었습니다. 이것이 401(k)입니다. 근로자는 급여의 일정 비율을 매달 적립해야 하고, 회사는 일정 부분을 매칭matching해 줍니다. 예를 들어 근로자가 월급에서 300달러를 적립하면 회사가 추가로 150달러를 얹어 주는 식입

니다. 이 돈은 소비로 빠져나가지 않고 곧장 금융 시장, 특히 주식 시장으로 들어가죠.

2025년 1분기 기준, 401(k)의 자산 규모는 약 8.7조 달러에 달합니다. 이 중 약 3.2조 달러가 주식형 펀드에 투자되어 있으며, 미국 증시 전체 시가총액(약 49.8조 달러)의 약 6%를 차지합니다. 여기에 채권, 현금성 자산까지 합치면 401(k) 전체 자산은 미국 증시 시가총액의 약 15% 내외에 해당하고요. 이 숫자가 주는 함의는 분명합니다. 미국 증시는 미국인 전체의 노후자금을 담보로 한 국가적 프로젝트라는 것이죠. 한마디로 결코 쉽게 붕괴될 수 없습니다.

이 제도의 특징은 다음 다섯 가지로 요약할 수 있습니다.

첫째, 401(k)는 자동 매수 시스템입니다. 근로자가 자발적으로 투자 여부를 고민하는 것이 아니라, 매월 급여에서 일정 금액이 자동으로 빠져나가 ETF와 펀드로 들어갑니다. 회사 또한 일정 비율을 매칭하기 때문에 실질적으로는 근로자가 투자하지 않아도 자산이 꾸준히 불어나죠. 주가가 오르든 내리든, 시장에 돈이 들어오는 흐름은 멈추지 않습니다.

둘째, 401(k) 자금의 대부분은 S&P 500, 나스닥 100, 대형 성장주 ETF 같은 미국 주식형 자산에 편입됩니다. 대표적으로 Vanguard 500 Index Fund(S&P 500 추종), Fidelity 500 Index Fund, 나스닥 추종 ETF(QQQ) 등이 있는데요. 이렇게 미국인들은 자국의 대형 기업들을 장기적으로 자동 매수하고 있으며, 이는 미국 증시의 가장 강력한 매수세가 됩니다.

셋째, 시장이 폭락해도 매수세는 멈추지 않습니다. 2008년 글로벌 금융위기, 2020년 코로나 쇼크 같은 폭락장에서도 401(k) 자금은 한 달도 빠짐없이 증시에 들어왔습니다. 오히려 폭락기에는 같은 금액으로 더 많은 주식을 사게 되므로, 장기 투자자들의 평균 매입 단가가 낮아지는 이득까지 생깁니다. 시장이 회복하면 이들이 가장 큰 수혜자가 되고요. 미국 증시가 '한 번 무너지면 끝'이 아니라, 반드시 회복하는 힘을 지닌 이유입니다.

넷째, 401(k) 계좌에는 막대한 세제 혜택이 주어집니다. 납입 금액만큼 소득 공제를 받거나 투자 수익에 대한 과세를 은퇴 시점까지 미룰 수 있습니다. 반대로 중도에 인출하려면 10%의 패널티와 세금을 물어야 하므로 사실상 장기 보유가 강제됩니다. 그래서 투자금은 한 번 들어가면 10년, 20년 동안 나오지 않죠. 이 돈이 쌓이고 쌓여 주식 시장의 안정적인 바닥 수요를 창출합니다.

다섯째, 미국 주식의 연금 매수 선순환 구조를 만듭니다. 근로자가 매월 자신의 급여에서 일정 금액을 자동으로 투자하면, 회사가 매칭 금액을 추가로 납입하고, 그 상당수 자금이 S&P 500이나 나스닥 등과 같은 대형 주식으로 유입됩니다. 시장이 하락하면 더 많은 주식을 매수함으로써 평균 단가가 낮아지기 때문에 불리한 점이 전혀 없습니다. 또 장기 보유로 공급 물량이 잠기고, 주가 상승 압력이 발생하죠. 주가가 오르면 계좌 자산이 증가하여 투자 신뢰도가 강화되고, 이는 다시 투자 확대로 이어집니다.

이러한 순환이 미국 증시를 지탱하는 거대한 에너지입니다.

한국 투자자는 401(k)에 직접 가입할 수는 없습니다. 그러나 그 자금이 매월 꾸준히 미국 주식 시장에 투여되고 있다는 사실을 이해하는 것만으로도 큰 인사이트를 얻을 수 있는데요. 미국 증시는 단순한 투자 대상이 아니라, 미국인 전체의 노후자금을 담보로 한 제도적 매수 장치라는 걸 이해하는 데서 출발합니다. 즉, 미국 주식을 바라볼 때 (한국 주식처럼) 기업 실적만 볼 게 아니라 시스템이 만들어내는 구조적 매수세를 반드시 이해해야 합니다.

이러한 특성으로 S&P 500, 나스닥 같은 지수는 '거대한 저수지'와 같습니다. 폭우가 오면 일시적으로 넘치고 가뭄이 오면 수위가

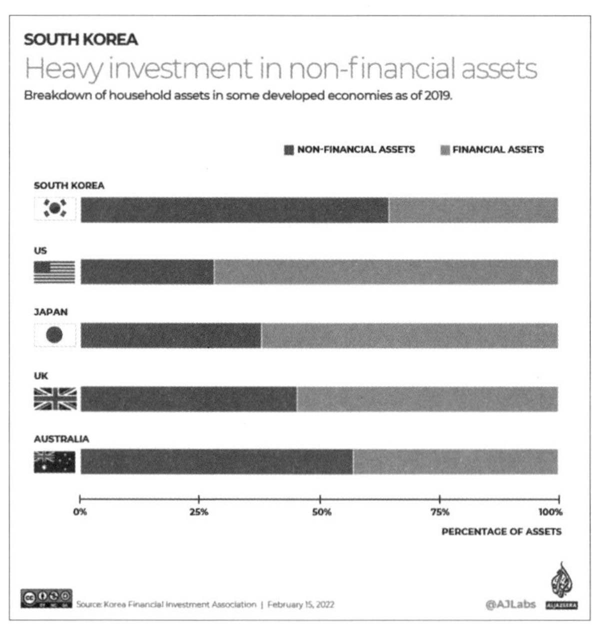

한국은 금융 자산보다 비금융 자산인 부동산 비중이 훨씬 높다.

낮아질 수 있지만, 매일 수많은 물줄기(401(k) 자금)가 흘러오기 때문에 저수지가 말라 버리는 일은 일어나지 않습니다.

미국과 한국의 개인 자산 구조를 비교해 보면 큰 차이가 있습니다. 미국인은 전체 자산의 50% 이상을 주식으로 보유하는 반면 한국인은 60~70% 이상의 자산을 부동산에 묶어 두고 있습니다. 그런데 대부분의 선진국은 우리나라와 다르게 금융 자산이 비금융 자산보다 높은 경향이 있습니다.

이 차이는 투자 성향의 차이에서 기인하지 않습니다. 경제 시스템의 선순환 구조가 작동하느냐, 그렇지 않느냐의 문제라고 하겠습니다. 미국은 '기업의 성장→주가 상승→가계 부의 증가→재투자'라는 자본주의의 선순환 고리가 촘촘히 연결되어 있습니다. 우리나라는 어떤가요? 가계 자산의 대부분이 부동산에 묶여 있습니다. 집값이 오르면 장부상 부는 늘어날 수 있지만, 자세히 들여다보면 비생산적 자산이죠. 기업으로 흘러가 새로운 투자를 촉진하거나 혁신의 동력이 되지 않습니다. 부동산에 묶인 돈은 자산 가격 버블과 양극화를 심화시킬 뿐 경제 성장의 원천으로 이어지지 못하죠. 즉, 부동산에 투자한다고 해서 그 부동산이 기술을 발전시키는 게 아닙니다.

401(k)가 주는 교훈을 깨달아야 합니다. 401(k)는 국가 차원의 투자 시스템이며, 국민 전체가 기업의 주인이 되는 장치라는 점을요. 그래서 미국 주식 시장은 금융 시장이 아니라 국민 노후를 담보로 한 거대한 성장 프로젝트입니다. 저는 한국이 장기적으로 더 건강한 성장을 원한다면 자산이 주식 같은 생산적 영역으로 흘러가게 유도

해야 한다고 생각하는데요. 주식과 기업에 대한 신뢰를 키우고, 금융 시스템을 강화하며, 부동산 편중을 완화하는 노력이 필요합니다.

자본주의에서 중요한 것은 돈이 어디로 흐르느냐입니다. 401(k)는 국민의 노후자금을 기업으로 흘려보내며, 시장을 끊임없이 지탱합니다. 한국의 부동산 편중은 자본의 순환을 가로막으며, 미래 세대의 기회를 제한합니다. 돈이 머무는 곳이 아니라, 흐르는 방향이 국가의 미래를 결정한다는 점을 분명히 인식해야 합니다.

자동으로 EPS가 올라가는 자사주 매입

미국 증시를 우상향하게 하는 또 다른 구조적 동력은 자사주 매입buyback입니다. 2025년은 미국의 자사주 매입이 16% 증가한, 자사주 매입이 기록적으로 많은 해였습니다. 그만큼 주식 시장도 급등했고요. 기업이 자기 주식을 사서 소각시키는 행위는 주주에게 이익이 돌아가게 만듭니다. 원리는 이렇습니다. 먼저 기업이 시장에서 자기 회사의 주식을 사들임으로써 유통 주식 수가 감소합니다. 이렇게 되면 순이익이 같아도 분모(주식 수)가 줄어 EPS가 상승하죠. 그리고 EPS 상승은 밸류에이션 방어 및 상향을 부르고, 주가를 구조적으로 밀어 올리게 되어 있습니다. 예를 들어 보겠습니다. 순이익 100, 주식 수 100으로 EPS 1.00인 상황에서 자사주 매입으로 주식 수가 80으로 줄어들면 EPS가 1.25가 됩니다. 순이익이 같아도 EPS 25% 상승

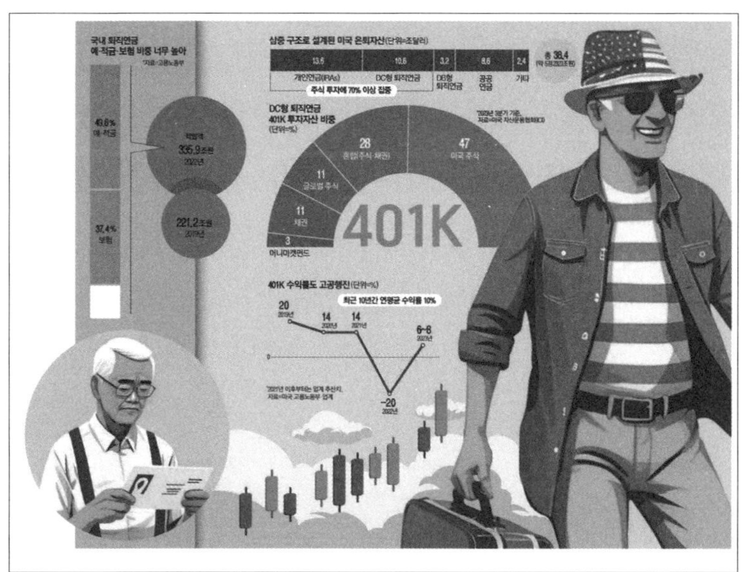

하죠.

이 방식이 미국에 많은 이유는 잉여 현금 흐름이 큰 기업 비중이 높아서입니다. 여기에 주주 환원 문화와 경영진 보상(스톡옵션) 구조도 있고요. 또 저금리와 신용 우위로 자본 조달 비용이 낮습니다. 투자자에게는 주식 장기 보유 시 EPS 자동 상승의 과실을 얻을 수 있음을 뜻합니다. S&P 500, QQQ, 레버리지(QID, TQQQ) 보유자에게도 (지수 차원에서) 이익 변동성에도 장기적으로 '밑에서 떠받치는 힘'이 되어 줍니다.

빅테크는 국가가 보증하는 안전자산

빅테크를 '고위험 성장주'라고 부르던 시대는 끝났습니다. 빅테크는 더 이상 단순한 기업이 아닙니다. 국가 안보의 핵심, 산업 패권의 중심, 그리고 자본주의 시스템의 엔진입니다. 미국은 이미 AI, 반도체, 클라우드, 데이터 인프라를 '국가의 전략 자산'으로 지정했습니다. 주인공은 애플, 마이크로소프트, 구글, 엔비디아, 아마존, 메타이

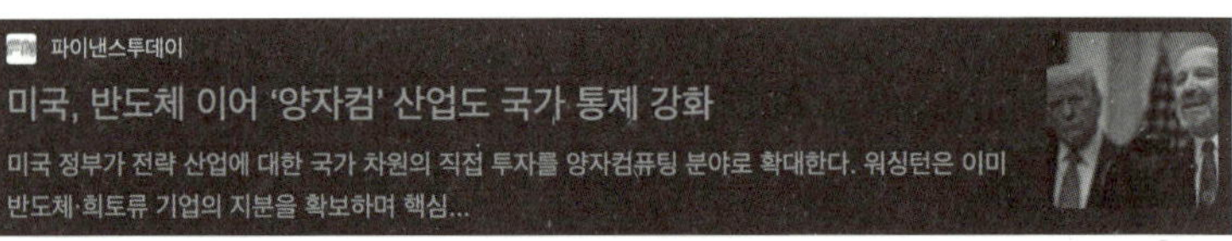

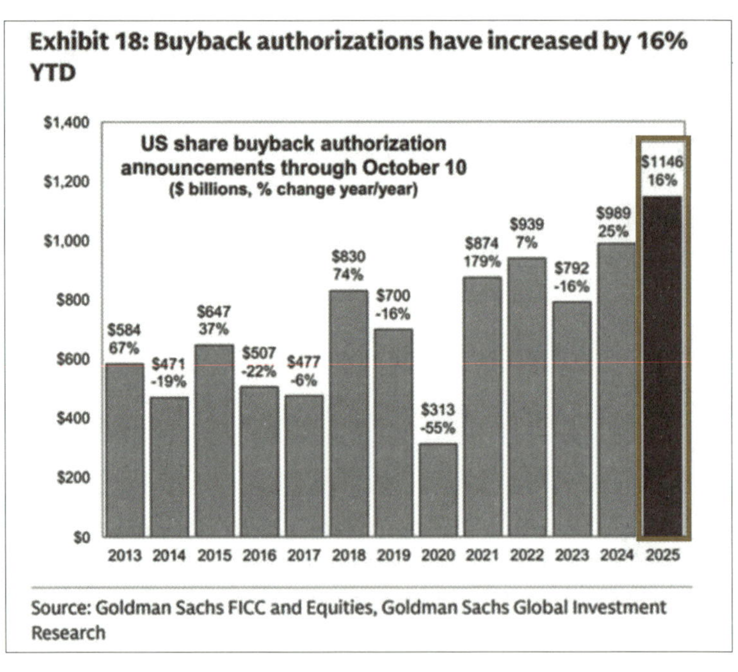

고요. 즉, 빅테크는 미국 정부가 지켜 주는 자산입니다. 법으로 기업의 생태계를 보호하고, 해외 의존도를 줄이고, 산업을 강제로 자국 내로 끌어들이고 있습니다. 과거에는 철강, 석유, 자동차가 대상이었다면 이제 완전히 빅테크 산업으로 옮겨 갔습니다.

반도체를 '법'으로 보호하는 나라

2022년에 미국은 역사적인 법안을 하나 통과시켰는데요. CHIPS and Science Act, 즉 반도체법입니다. 핵심은 '미국의 첨단산업 공급망을 반드시 미국 안으로 가져오겠다'입니다. 이를 위해 반도체 공장을 미국 내에 짓는 기업에는 520억 달러의 보조금을 지급한다, 추가로 세액 공제 25%를 제공한다, 중국을 포함한 해외 지역의 반도체 시설 확장을 10년간 금지한다, 국방, 항공, AI 등 핵심 산업에 필요한 칩은 반드시 미국 본토에서 생산해야 한다 등의 파격적인 지원을 보장했습니다. 국가 안보 전략이라고 봐야 하는 이유죠. 엔비디아, AMD, 인텔, 애플, 테슬라, 구글 등이 반도체라는 피로 움직이기 때문에 미국이 반도체를 지킨다는 것은 빅테크의 생명줄을 국가가 직접 보호한다는 의미입니다.

국가 정책이 된 AI

2023년 이후, 미국 정부는 'AI는 국가 경쟁력 그 자체다'라고 규정했습니다. 바이든 행정부는 AI 행정명령Executive Order on AI을 발표하며 AI 생태계를 법으로 뒷받침했죠. 핵심 내용은 AI 모델은 국가 안보 검증 후 시장 출시, 국방이나 의료 등 고위험 산업에 대한 AI 집중 육성, 연방기관의 AI 도입 가속화, 데이터센터 구축 규제 완화, 반도체, 전력, 클라우드, AI를 하나의 생태계로 통합한다 등입니다. 미국 빅테크 기업들이 국가 전략 시스템 속에 공식 편입되었다는 뜻이죠.

미국 정치권이 인정하는 빅테크

미국 민주당과 공화당은 이견이 많아도 한 가지는 완전히 일치합니다. "빅테크는 미국의 힘이다." "중국에 기술력이 밀리면 국가 안보가 무너진다." "AI 시대에는 기술 기업이 곧 군사력이다." "빅테크는 미국의 세금, 고용, 혁신의 중심이다." 그래서 미국은 겉으로는 이들을 규제하는 척해도 실질적으로는 보호합니다. 구글은 광고 독점 규제를 받지만 AI와 클라우드 부문은 장려됩니다. 애플은 앱스토어로 규제받지만 보안과 생태계는 보호받고요. 메타는 개인정보 이슈로 비판받지만 AI 연구와 반도체 협력에서는 예산을 지원받습니다.

국방부, NASA, 연방정부는 이미 빅테크의 주요 고객입니다. AI, 클라우드, 데이터 인프라 예산은 대부분 AWS, Azure, NVIDIA의 GPU로 향합니다. 미국 정부는 이들의 고객이자 투자자이자 보호자 역할을 동시에 수행하죠. 즉, 미국의 세금이 곧 빅테크의 매출이 됩니다. 이 산업이 무너지면 미국의 행정과 안보 체계가 함께 무너집니다.

저는 빅테크를 단순한 성장주로 보지 않습니다. 그들은 베타의 핵심 엔진입니다. QQQ와 S&P 500 상승은 결국 빅테크가 주도할 수밖에 없습니다. 다시 말해 베타 1을 유지하기 위해선 빅테크가 필수가 되는 셈인데요. 유동성 사이클이 돌아오기 시작하면 AI, GPU, 클라우드, IT 소비가 가장 먼저 반응합니다. 변동성이 커질 때 명확한 방향성을 가진 빅테크는 TQQQ 전략의 최대 무기가 된다는 게 제 주장입니다. 그러니 우리는 그 흐름에 올라타야 합니다.

레버리지 투자를 하면 안 되는 사람들

아무리 '레버리지+현금' 베타 투자 전략이 좋다고 해도 쓰면 안 되는 사람들이 있습니다. 월급을 모두 소비하는 사람, 부동산에 묶여 여유 현금이 없는 사람, 1년 뒤에 목돈이 들어갈 일이 있는데 주식이 오를 거라고 생각하고 미리 사 놓은 사람, 시장의 작은 출렁거림에도 쉽게 흔들리는 사람 등. 레버리지는 기본적으로 50% 이상 등락이 가능하다고 생각하고, 그래도 괜찮은 사람만 해야 합니다.

저는 단기적인 성과에 집착하는 사람은 단기 '트레이더'일 뿐, '진정한 투자자'는 아니라고 생각합니다. 진정한 투자자는 먹잇감을 완전히 포획할 수 있는 스나이퍼여야 합니다. 그런 의미에서 저는 언제나 이기는 싸움만 합니다. 모두가 환희에 들떠 있을 때 레버리지를 줄여 현금을 확보했고, 모두가 공포에 떨며 매수를 두려워할 때 레버리지를 올려 수확을 맛보았습니다. 다만 레버리지를 활용한 베타 투자는 '현금'이라는 방패가 있어야 가능합니다.

제가 이 책에서 계속 설명했듯이 1억 원의 자산 중 3천만 원만 TQQQ에 투자하고 나머지는 현금으로 가지고 있어야 합니다. 이런 방식이 나와 맞지 않는다면 달러나 채권에 투자하면 됩니다. 원화는 가장 빨리 쓰레기가 되는 화폐이기 때문에 반드시 다른 자산으로 헤지해야 합니다. 그렇다고 베타 투자의 원칙을 무시하면서 상승장 초입도 아닌데 베타를 3~4 이상으로 올리면 안 됩니다. 베타를 4로 올렸을 경우, 시장이 20%만 무너져도 내 자산이 80%가 날아가는 셈입니다. 베타 4는 생각보다 쉽게 만들 수 있지만, 그것을 조절하는 것이 아레스 베타 투자의 가장 중요한 법칙입니다.

저는 다음과 같이 선언합니다. "우리는 모두 전장에 선 전사다." 시장은 생물과 같습니다. 울기도 하고 웃기도 하며, 때로는 격렬하게 흔들립니다. 그 속에서 투자자는 언제나 시험대에 오르게 되죠. 이때 우리는 모두 레버리지라는 양날의 검을 들고 전쟁터로 나선 전사들입니다. 그러므로 투자자는 두려움과 탐욕 사이에서 균형 잡을 줄 알아야 합니다. 모두가 두려워할 때, 나는 용기를 내야만 하고 모두가 환희에 찰 때, 나는 홀로 고뇌할 수 있어야 합니다. 그것이 곧 아레스 베타 투자자의 길입니다.

아레스 베타 투자법은 단순한 투자 전략이 아닙니다. 이 험난한 전장에서 살아남기 위한 철학이자, 우리가 쥔 무기입니다. 하루 뒤에 정답을 찾을 수는 없을지라도 1년 뒤, 10년 뒤, 20년 뒤의 정답은 점점 비슷해집니다. 그 길 끝에서 우리는 반드시 다시 만날 것입니다. 그때는 모히또에서, 몰디브 한잔 나누며 웃으며 돌아볼 수 있기를 바랍니다.

부자들은 3x 레버리지로 투자한다

초판 1쇄 인쇄 2026년 1월 2일
초판 1쇄 발행 2026년 1월 9일

지은이 아레스
발행인 정병철
발행처 ㈜이든하우스출판

편집 임세리
디자인 안윤민

출판등록 2021년 5월 7일 제2021-000134호
주소 서울시 마포구 양화로 133 서교타워 1201호
전화 02-323-1410 팩스 02-6499-1411
이메일 eden@knomad.co.kr

ISBN 979-11-94353-43-0 (03320)

- 값은 뒤표지에 표시되어 있습니다.
- 잘못된 책은 구입하신 서점에서 바꾸어 드립니다.